매서운 바람

한국전쟁을 기억하며

Bitter Wind

A Memoir of War in Korea

이희채 지음
이규민 옮김

아도라

『매서운 바람, 한국전쟁을 기억하며』
(Bitter Wind, A Memoir of War in Korea)
지은이: 이희채 (Hui Chae Lee)
옮긴이: 이규민 (Kyu Min Lee, Translator)

영어 초판 발행: 2012 4월 15일
한어 초판 발행: 2012 8월 15일
    2쇄 발행: 2013 5월 1일
펴낸곳: 아도라 (Adora Productions)
© 2013 이영희 (Yong Hui V. McDonald
also known as Vescinda McDonald)
후원회: 재향 군인회 재단

Veterans Twofish Foundation
P.O. Box 220
Brighton, CO 80601
홈페이지: www.veteranstwofish.org
이메일: veteranstwofish@gmail.com
표지 디자인: 르넷 맥클레인 (Lynette McClain)
그린이: 박영득 (Holly Weipz), 일러스트레이터
한국전쟁에 대한 역사: 마즈 래븐우드 (Marz Ravenwood)
Former U.S. Marine and Editor
편집: 박슬기, 박선미, 박영득, 이현위, 강은아, 김경희, 김성숙,
    김혜실, 김승인 목사
표지 번역: 이은주 목사, 박민철 전도사
ISBN:978-1478369127

(본문의 성경구절은 대한성서공회의 개역개정판을 따랐습니다.)

(아도라는 스페인어로 Adora이고 영어로는 Adoration으
로서 하나님을 깊은 사랑과 존경으로서 경배한다는 뜻으
로 사용이 되었습니다. 아도라의 목적은 문서를 통하여
예수님의 사랑의 이야기를 땅 끝까지 전하여 사람들의 영
적인 성장과 치유를 추진하는 것입니다.)

이 책에 나오는 인물들의 이름은 대부분 가명임을 알려드립니다.

이 책을 당신께 바칩니다

이 글을 놀라우신 하나님, 그리고 자유를 지키기 위하여 목숨을 아끼지 않고 희생하시며 수고하시는 모든 군인들과 그들의 가족들에게 바칩니다.

감사의 글

이 책을 번역하는데 수고하신 이규민 집사님에게 진심으로 감사를 드리고, 아름다운 그림을 그려주신 박영득, 교정을 도와주신 박슬기, 박영득, 박선미, 강은아, 김경희, 이훤위, 김성숙, 김혜실, 김승인 목사님과 표지를 번역해 주신 박민철 전도사님 이은주 목사님께 감사를 드립니다. 이 책이 출판되도록 인도하신 하나님께 깊은 감사를 드립니다.

차례

바치는 글
감사의 글

나의 어머니 조선연

이상천과 이희채

이희채

1부
매서운 바람

1. 슬픔

나의 외할아버지는 사업가로서 매우 성공하신 분이었다. 그분은 슬하에 아들 하나와 딸 하나를 두셨는데 그 아들이 어린 나이로 죽자 나의 어머니는 많은 유산을 물려받게 되었다.

어머니가 아버지와 결혼하셨을 때에는 그 유산 덕분에 부유하게 지내실 수 있었다. 그러나 아버지의 사업 실패로 많은 돈을 잃고 내가 태어날 때는 적은 땅만을 소유하시고 계셨다.

나는 1927년 10월 1일 남한의 소일에서 외동딸로 태어났다. 나는 네명의 오빠와 두명의 남동생이 있었는데 부모님께서는 남자 형제들은 학교에 보내 주셨지만 여자는 배울 필요가 없다고 나를 학교에 보내주시지 않았다.

나는 큰 올케와 같이 집안일을 해야만 했다. 당시 어떻게 하면 다른 아이들처럼 학교에 다닐 수 있을지 고민을 해봤지만 부모님께서 생각을 바꾸시지 않는 한 그것은 불가능한 꿈에 불과했다. 하지만 셋째인 영채오빠는 나에게 8살때부터 글을 가르쳐 주어서 아홉 살 때에는 제법 글을 잘 읽을 수 있었다.

16살 때 아버지께서 돌아가신 후로 살림이 어려워졌다. 그 당시는 일본이 한국을 지배하던 때였고 그들은 많은 것을 수탈해 가면서 우리에게는 약간의 배급만을 주었다. 매달 우리에게 작은 그릇으로 두 공기 정도의 쌀과 깻묵을 주었다. 그 깻묵은 주로 소의 사료로 사용되는 것이었는데 온 가족이 먹기에 결코 충분치가 않았다. 또 일본인들은 구리로 만들어진 수저와 밥공기를 비롯한 모든 금속 제품을 가져갔다. 우리는 항상 굶주려 지냈다.

그 시절에 우리 가족은 병으로 형제들을 잃는 고통을 겪었다. 둘째인 준채오빠는 일본이 지배하던 중국 지역에 일본 군대의 건축 책임자로 일 하면서 좋은 수당을 받고 있었고 많은 돈을 집으로 보내주었다.

그 돈으로 길채오빠는 광산 사업을 했지만 사업에 실패하고 얼마 되지 않아 병으로 세상을 떠나고 말았다. 나보다 2살이 많던 성채오빠도 항상 몸이 아파서 어머니께서는 필사적으로 오빠를 회복시키려고 무당을 불러 굿을 하셨다. 나는 무당이 하는 말을 다 외울 정도로 많은 굿을 보았지만 오빠는 17살 때 죽고 말았다. 연이어 가족의 장례식을 치른다는 것은 매우 힘든 일이었다.

2. 어머니

내가 18살 되던 해에 일본은 전쟁에서 패했다. 그리고 한국은 일본 강점기 36년 뒤에야 주권을 다시 회복했다. 준채오빠는 공사 일을 그만둘 수 밖에 없었고 무일푼으로 중국에서 도망쳐 나와야 했다. 집으로 돌아온 그는 도망 중에 얻은 병으로 죽었다.

이년 동안 어머니는 남편과 세명의 아들을 잃고 슬픔에 빠지셨다. 더구나 이년 전 영채오빠도 일본군에 잡혀간 후 소식도 모르던 상황이었다.

가족 모두가 매우 슬펐지만 특히 어머니의 슬픔은 더했다. 그런 힘든 상황들이 어머니께 충격을 주었고 우리 가족은 어떻게 어머니를 위로해 드려야 할지 몰랐다.

그 당시에 어머니는 한 남자에 대한 소문을 들었다. 그 남자는 미쳐서 거리를 돌아다니는 사람이었는데 예수님을 영접한 후 그가 다시 정상으로 돌아왔다는 것이다. 그 사람이 기독교인이 된 것과 그가 큰 변화를 보여준 것은 이웃들에게 큰 영향을 끼쳤다.

그때쯤에 동네에 한 여자가 어머니에게 교회에 나가자고 권하였다. 어머니께서는 굿을 많이 했지만 효과가 없었기에 교회에 나가서 가족을 잃은 마음의 상처를 치유받고 싶어했다. 어머니가 믿음이 생긴 후에는 가족들도 모두 교회에 나가기 시작했다. 어머니가 예수님을 믿고 평안을 찾으신 후 훨씬 더 행복해 보이셨다. 어머니께서는 과수원을 가지고 있었는데 좋은 과일이 있을 때마다 목사님들께 가져다 드렸다.

우리 가족은 마을에 있는 성환감리교회에 다녔다. 우리 집은 마을에서 많이 떨어진 시골에서 살고 있었기 때문에 버스가 다니지 않아서 한 시간을 걸어야 교회에 도착할 수가 있었다. 날씨가 좋은 날에는 괜찮았지만 날씨가 좋지 않은 날엔 교회 가기가 힘이 들었다. 궂은 날씨엔 교회에 갈수 없어서 어머니는 집을 개방해서 사람들과 성경공부를 시작하셨다. 수요일과 금요일 밤에 한 여자 권사님께서 설교하셨는데 설교를 아주 잘하셨다. 나는 찬송시간이 너무 좋았다. 그리고 어머니께서는 성경공부가 끝나면 고구마나 수박을 대접하셨다.

어느 날 소식을 알 길이 없던 영채오빠가 돌아왔다. 일본 군인들은 오빠를 나가사키에 있는 전투기 만드는 곳에 끌고 가서 일을 시켰다고 했다. 연합군이

그 공장에 폭탄을 떨어뜨렸고 오빠는 겁에 질려서 담
요로 몸을 감싸고 어디로 향하는지도 모른 채 어두운
밖으로 뛰쳐나갔다고 하셨다.

그곳에서는 많은 건물들이 불에 타고 있었는데 오
빠는 우연히 배수로에 빠지게 되었고 그 배수로는 연
합군의 폭격기가 폭탄을 떨어뜨릴 동안에도 물이 차
있어서 안전했다. 많은 사람을 죽음에 빠뜨린 그 위험
속에서 살아 나올 수 있었던 오빠는 일본이 항복한 후
집으로 돌아오게 된 것이었다.

3. 결혼

영채오빠는 집에 돌아오자 곧 결혼했다. 살아 남은 아들 중 가장 나이가 많다는 이유로 가장으로서 내 결혼 문제까지 결정했다. 오빠가 나에게 이상천이라는 사람과 결혼시키기로 했을 때 나는 21살이었다. 그는 공교롭게도 나와 동갑이었고 생일도 같은 날이었다. 그는 우리 집과 걸음걸이로 약 한 시간 떨어진 송골에서 살고 있었다.

나는 그 사람이 기독교인이 아니라는 것을 알고 오빠에게 그와 결혼하지 않을 거라고 말했지만 오빠는 이미 결정이 되었기 때문에 바꿀 수 없다고 단호하게 말했다. 나는 울면서 3일간 먹지 않았다. 어머니는 그런 나를 보고 이상천의 부모님을 찾아갔다. 영채오빠가 결혼 약속을 잡은 것을 파기하자고 말씀하셨다. 어머니께서는 나의 배필은 꼭 기독교인이어야 한다고 하셨다.

이상천의 아버님께서는 말씀하셨다. "괜찮습니다.

따님께서 교회에 다녀도 됩니다. 우리는 기독교를 반대하지 않습니다."

어머님께서 그 소식을 들려주실 때에도 나는 안심할 수가 없었다. 나는 오빠에게 물었다.

"만약 이상천이 기독교 신자가 아닌 것 때문에 문제가 생기면 어떡해?"

"그 때문에 네가 결혼 생활을 할 수 없다면 내가 너의 평생을 돌보아 주겠어."

나는 오빠의 마음을 바꿀 수 없다는 것을 알고 그 사람과 결혼하기로 했다. 이상천을 처음 본 것은 결혼식 날이었다. 남편은 키가 크고 잘 생겼고 나는 점차 그를 사랑하게 되었다. 하지만 그는 직업이 없었다. 나는 그가 장남인 관계로 부모님을 모셔야 했고 거기엔 남편의 두 남동생과 두 여동생이 있었다.

결혼한 후 시어머님이 7년간 자리에서 일어나지 못하고 있다는 것을 알게 되었다. 걸으실 수가 없어서 항상 다른 사람의 도움이 필요한 시어머니를 모시는 것이 쉬운 일은 아니었지만 처음 뵈었을 때 매우 불쌍한 마음이 들었다. 사람들은 금방 시어머니께서 돌아가실 거라 말했지만 나는 시어머니가 다시 걸을 수 있도록 기도했다.

그 동네에 침 잘 놓기로 소문난 장님 침술가에 대해 들은 적이 있어서 시어머니를 등에 업고 그 침술사

에게 가려 했지만 너무 힘이 들어 결국 손수레를 빌려
서 침술사에게 모셔갈 수 있었다. 나는 시어머니께 예
수님과 믿음에 관해 이야기를 했지만 시어머니는 관
심 없어 하셨다.

4. 꿈

결혼한 후 얼마 지나지 않아 나는 이상한 꿈을 꾸었다. 꿈에서 한 젊은 여자가 아주 슬프게 울면서 집을 나가는 것이었다. 이 꿈을 시어머니에게 이야기를 했더니 어머니께서는 말씀하셨다.

"나는 그 여자가 누구인지 알어. 내 친척 중 한명이야. 그 여자는 남편과 문제가 있어서 친정으로 쫓겨갔는데 그 여자의 친부모들은 그 여자가 죽을 때까지 시댁에서 살아야 한다고 받아들이지 않았어. 갈 곳이 없던 그 여자는 자포자기 심정으로 양재물을 마시고 자살했단다. 그 일이 있은 후에 나는 아파서 일하지도 못할 지경이 되었고 나는 그것이 죽은 여자 때문이라고 생각했지. 무당은 그 귀신을 쫓아내려고 삼일 동안이나 굿을 했지만 내 병이 낫지 않았어. 그래서 난 7년이나 아파 누웠고 지금도 여전히 아프구나."

시어머니께서 내가 꿈에 본 여자가 누구인지 안다고 하시는 것에 놀랐다. 나는 바로 그 여자가 집안에 역사 하고 있던 마귀일 것이라고 생각했다. 내가 시집

온 후 시어머니를 위해서 기도를 하니까 마귀가 떠나는 것을 꿈으로 보여준 것이라고 생각했다.

시아버지께서는 시장에서 장사를 하셨는데 친절하신 분이셨다. 믿음이 없으신데도 매주 일요일 날 아침에 나에게 교회에 헌금하라며 돈을 주셨다. 시아버님께서는 나의 남편과 같이 일하시기를 원하셨지만 남편은 장사에 관심이 없었다.

5. 연단

나는 매일 시어머니의 병이 회복되기를 기도했다. 매주 침술사에게 어머니를 모셔갔고 어머님께서는 6개월 후에는 조금씩 걷기 시작하셨다. 처음엔 지팡이를 짚고 걸었지만 나중엔 지팡이 없이 걸으셨다. 그것은 기적이었다.

어머니가 걷는 걸 봤을 때 너무 기뻤다. 하지만 그 기쁨도 잠시였다. 생각지 못한 일이 일어난 것이다. 시어머니께서는 사발에 물을 떠 김장독 위에 놓고 거기에 절을 하며 비는 것이었다. 그뿐이 아니라 시어머니는 내가 교회 나가는 것 조차 막으려고 하셨다.

"한 집안에 두 개의 종교를 가질 수 없다. 교회 나가지 말아라."

나는 믿을 수가 없었다. '믿음 때문에 문제가 생기면 어떻게 하나?'하고 걱정한 것이 현실이 된 것이다. 처음엔 누구 편도 들고 싶지 않아하던 남편은 결국 어머니의 편이 되었다.

"나는 어머니와 대립하고 싶지 않아. 교회에 다니

는걸 그만 두는 게 어때. 그럼 우리 가족은 다시 평화
스럽게 지낼 수 있을 거야."

나는 너무나 기가 막혔다. 남편은 내가 교회에 다
니지 않고 집안에만 있으면 모든 문제가 해결되리라
믿었다. 남편이 시어머니 말씀에 복종해야 한다는 것
도 이해가 갔고 계속 다투는 것이 너무 힘들어서 남편
의 충고를 받아들이기로 하고 그때부터 교회에 나가
는 걸 포기했다. 집안이 평안해지리라 생각했지만 그
렇게 되지 않았다. 시어머니는 나를 항상 못마땅하게
여기셨기에 비위를 맞추기가 무척 힘이 들었다. 교회
에 나가지 않고부터는 항상 교회 생각만 나고 다른 것
은 생각할 마음도 없었다. 너무나 교회가 가고 싶어
죽을 지경이었다.

나의 믿음을 성장 시켜 줄 수 있는 가족을 원했는
데 그 환경은 성장보다는 고통의 삶이었다. 나는 집
안에 머물면서 비참해져야 할 이유가 없다고 생각해
서 교회에 다시 다니기 시작했다. 교회에 다시 다니
까 시어머니와 남편의 핍박 속에서도 마음이 평화로
울 수 있었다. 이 경험을 통해서 깨달은 것은 신앙의
핍박은 믿음을 자라게 한다는 것이었다. 그 어려운 상
황에서 용기를 주시고 도와준 분은 다름 아닌 하나님
이셨기에 믿지 않는 자들을 순복하지 말고 하나님만
의지해야 한다는 것을 배웠다.

6. 징병

결혼한 지 일년 뒤 내가 임신 5개월 되던 때에 나의 남편은 군에 입대해야 했다. 딸 금자가 태어났을 때 남편은 아이를 예뻐했지만 두 번의 휴가 때만 볼 수 있었다.

남편이 군에 있을 때에도 생활은 어려웠다. 군대에서 월급을 받는 것도 아니었고 그 당시에는 군대에서 음식을 충분히 주지 않아 시동생들이 남편을 면회 갈 때는 음식을 꼭 싸가야 했다. 나는 돈이 없어서 면회도 갈 수 없었다.

남편이 군에 가 있는 동안 생계가 어려웠다. 어느 날 밤 시아버님이 나를 방으로 부르셨다. 시어머니도 방에 앉아계셨다. 시아버님께서는 말씀하셨다.

"나는 가족을 부양하는데 어려움을 겪고 있다. 너의 남편이 돌아올 때까지 아이와 함께 친정에 가 있거라."

믿을 수 없었다. 아무리 먹을 것이 충분하지 못하

지만 시아버지께서 친정으로 가라고 말씀하실 줄 몰랐다. 나는 아무 말 없이 방을 나왔다. 너무 기가 막히고 슬퍼서 눈물이 나왔다.

결혼을 하면 남편집이 내 집이고 그 집에서 죽을 때까지 살아야 한다고 배웠던 나는 친정으로 돌아가고 싶은 마음이 전혀 없었다. 둘째 날과 셋째 날도 시부모님들이 다시 부르신 뒤 똑같은 말씀을 하셨을 때 그곳에서 더 있을 수 없다는 것을 알았다.

다음날 아이를 등에 업고 짐을 가지고 눈물 속에서 길을 나섰다. 친정으로 가고 싶지 않았지만 다른 방도가 없었다. 영채오빠는 나에게 약속한 말이 있어서 내가 돌아온 것에 아무런 말을 하지 않았다.

7. 매서운 바람

　남편이 3년간 군 복무를 하는 동안 1950년 6월 25일 북한이 남한을 침략하였다. 남편의 생사에 대해 걱정이 되었으나 어디에 있는지 알 방법이 없었다. 그저 남편을 위해서 기도만 할 뿐이었다.

　그 때 남한은 전쟁에서 패하고 있었다. 북한인들은 송골을 점령하고 남편의 동생을 잡아갔다. 그의 나이 겨우 20살이었다. 그를 잡아간 이유는 형이 남한군인이었기 때문이라는 것이었다. 그가 끌려간 후 우리는 그가 죽었는지 살았는지 소식을 들을 수 없었다. 남편의 두 번째 남동생은 17살이었는데 그는 친구와 같이 놀다가 이상한 병을 발견했다. 그 안에 무엇이 들어있는지 알아보려고 그 병을 돌에 쳤을 때 폭발하여 그 자리에서 친구들과 즉사했다. 전쟁 때문에 받은 상처와 슬픔은 말로 다 표현할 수가 없었다. 이런 어려움 속에서 남편에 대한 걱정으로 밤과 낮으로 이렇게 기도했다.

"하나님, 제발 제 남편이 살아서 돌아오게 해주세요."

계속되는 전쟁 속에 북한군인들이 기독교인들을 모두 죽인다는 말을 들었다. 충청남도 아산을 점령했을 때 많은 기독교인을 죽였다는 소식이 들려왔다. 우리 가족은 북한군인들이 예수 믿는 사람들을 죽이려고 찾아 다닌다는 말을 듣고 정신 없이 짐을 싸기 시작했다. 우리 가족은 어머니를 빼고 모든 식구가 피난을 가기로 결정을 했다. 어머니의 몸으로는 멀리 피난 가는 것이 불가능하다고 생각하셨기 때문이다. 그때 영채오빠에게도 3살 된 아들이 있었고 내 딸 금자도 3살이었다.

우리들은 다른 피난민들과 함께 바람이 매섭도록 추운 날 남쪽을 향해 피난길에 올랐다. 금자를 등에 업고 머리에 이불과 쌀을 이고 피난 가는 길은 매우 험했다. 춥고 눈이 내리는데 땅은 꽁꽁 얼어 있었다. 길이 미끄러워 여러 번 넘어져서 무릎을 심하게 다쳤지만 아파도 계속 걸어야 했다. 내가 넘어질 때마다 아이가 무사한지 확인하고 안심하였다.

어두워졌을 때 우리 가족은 비어있는 판잣집 안으로 들어갔다. 그곳은 벌써 많은 피난민들이 거쳐간 것을 알 수 있었다. 우리 모두는 쪼그려서 잠을 청했다. 너무 추워서 몸이 떨려오고 있는데 금자가 기침을 하기 시작했다. 걱정이 되었지만 아이를 낫게 해 줄 약이 없었다.

그 다음날 온양에 도착했을 때 나는 다리가 너무 아프고 지쳐서 걷기가 정말 힘이 들었다. 넘어지면서 무릎을 심하게 다쳤기 때문이다. 그때 서울에서 피난 중인 의사를 찾아냈고 그는 침술과 몇 가지 약으로 나를 치료해 주었다. 우리 가족은 내 무릎이 나아질 때까지 약 이 주간을 거기서 머물렀다.

시간이 갈수록 금자는 계속 기침이 심해졌다. 아이를 의사에게 데려가야 했지만 그곳에선 의사를 찾을 수가 없어서 아픈 아이를 돌보기 위해 집으로 다시 돌아가기로 했다. 올케도 아이 때문에 힘들다고 나와 함께 같이 돌아가기로 했다.

오빠의 집으로 돌아갔을 때 피난민들로 가득 차 있었다. 어머니는 그들의 밥을 해주시느라 바빴고 식량이 모두 동난 상태였다. 딸 아이는 밥도 못 먹고 축 늘어져 있었는데 집 근처에도 의사는 없었다. 금자가 매우 약해져 있다는 걸 알았을 때 애가 죽을까 봐 매우 겁이 났고 두려웠다. 안타깝고 불쌍하다는 생각이 들었다. 금자는 아버지와 시댁의 사랑을 알지도 못한 채 숨질 수도 있는 다급한 상황이었다. 나는 딸에게 말했다. "네가 죽어야 한다면 네 집에서 죽어야 한다."

시댁은 그 아이의 집이었다. 또 아이를 의사에게

데려가야 하는데 가장 가까운 곳도 시댁이 있는 곳이었다. 날씨도 춥고 거리도 멀었지만 금자가 아파서 의사에게 데리고 가야 하고 아이가 나을 때까지 지내야 할 곳이 필요하다고 말씀 드렸다. 시부모님들은 이 상황을 이해하셨는지 아무런 말씀도 하지 않으셨다.

시어머니를 고쳐준 침 의사에게 금자를 데리고 갔더니 의사는 금자가 폐렴에 걸렸다며 약을 주었다. 아이가 사흘간 약을 복용하자 기침이 점차 줄어들기 시작했다. 오일 후에는 음식을 먹기 시작했고 말도 하기 시작해서 아이가 점차 나아지리라 믿었다.

다음날 아침에 일찍 일어나서 땔감으로 쓸 잔가지들을 모았다. 아침을 준비하려고 물을 데우기 시작할 때 시어머니께서 부엌문을 여시더니 다시 친정으로 돌아가라고 소리를 질렀다.

"아이가 지금 막 먹기 시작했고 조금 나아졌어요. 여기서 이틀 정도만 더 머무른다면 아이가 많이 나아질 거예요. 아이가 나을 때까지만 기다려 주세요."

시어머니께서는 내 물건을 밖에 집어 던지며 냉정하게 말씀하셨다. "내 아들도 살았는지 죽었는지 모르는데 내가 왜 계집애가 사는지 죽는지 신경 써야 하지? 내가 내 자식들도 먹여 살리지 못하는데 다른 사람을 먹여 살릴 순 없다."

나는 너무 기가 막히고 어이가 없었다. 너무 서럽

고 슬프다는 마음과 이대로 쫓겨난다면 아이가 죽을
지도 모르는 두려움을 감당할 길이 없었다. 춥고 눈이
오는 날 눈물을 삼키면서 아이를 등에 업고 무거운 보
따리를 머리에 이고 시댁을 나섰다. 시아버지를 시장
에서 뵈었을 때 말하지 않아도 내가 친정으로 가고 있
다는 것을 알고 계셨다. 그분은 떡을 사주며 말씀하셨
다.

"날이 추운데 아직 아침을 먹지 못했지? 떡을 좀
먹어라."

"아버님도 아직 아침을 못 드셨잖아요. 아버님께
서 드세요." 내가 다시 떡을 돌려 드렸다. 추운 시장
에 서서 물건을 파시는 시아버지가 안쓰러워 술을 사
드리고 돌아섰을 때 나의 눈에는 눈물이 가득 차 있었
다. 나는 오빠의 집에 가능한 한 빨리 가려 애를 썼다.
하지만 매서운 바람과 폭설을 상대로 싸움해야 했다.
그 길은 나에게 가장 쓰라린 슬픔의 길이었다.

오빠 집에 도착했을 때 아이가 더욱 심하게 기침하
기 시작했다. 축 늘어진 아이는 기동이 없었다. 금자
는 오빠 집에 도착한 후 5일 뒤에 죽고 말았다. 추운
날 그 먼 길을 걷지만 않았더라면 아이가 죽지 않았을
거라는 생각을 하니 가슴이 찢어지는 것 같이 아파서
많은 눈물을 흘렸다. 그리고 나는 오빠가 금자를 묻으
러 가는데 아예 따라가지도 않았다.

그 후 금자는 시댁에서 잊혀진 아이가 되었다. 시
댁이나 아버지의 사랑을 알지 못한 채 그 어린 나이에
이 세상을 떠난 것이다. 남편이 집으로 돌아온 후에도
그 누구도 금자에 대해 언급하거나 묻는 사람이 없었
다.

고통과 아픔의 한 가운데에서도 하나님은 나의 마
음을 위로 하셨다. 금자가 하나님과 함께 있다는 것과
이 아이는 더 이상 고통을 당하지 않는 곳에 살고 있
다는 생각을 하니 위로가 되었고 모든 사람을 용서해
야 했다.

8. 한강

전쟁 중에도 나는 영자와 하자라는 친구 두 명과 다른 도시를 다니며 피난민들에게 옷을 사서 파는 일을 했다.

하자는 나의 친척이었는데 그녀의 남편은 일제시대에 한국인 징집당시 자원해서 떠난 후 생사를 모르고 있었다.

영자의 남편은 다른 여자와 바람이 나서 그녀곁을 떠난 후 혼자 살고 있었다. 우리는 옷을 팔기 위해 여러 동네를 돌아다녔지만 온양으로 가장 많이 갔다. 새벽 일찍 출발하여 걸으면 4시간 정도 걸렸다. 그곳에서 피난민들로부터 옷을 산 후 옷들을 머리에 이고 같은 날 집으로 돌아왔다. 우리는 보통 가까운 거리로 장사를 나갔지만 한 번은 거리가 먼 서울로 가기로 결정했다. 북한군인들에게 발각되지 않기 위해서 나뭇잎으로 옷을 가려 위장을 하고 산을 넘었다. 멀리서 북한군인을 보게 될 때에는 정말 겁이 났지만 우리는 멈추지 않고 계속 길을 갔다.

며칠을 걸려서 마침내 한강에 도착 했을 때 한강다리는 끊어져 있었다. 연합군이 북한군의 침략을 저지하기 위해 그 다리를 파괴했다는 것이다. 그런데도 북한군인들은 이미 많은 도시를 점령했고 남쪽으로 계속 이동 중이었다.

한강은 시체들로 가득 차 있었다. 정말 처참한 광경이었다. 우리는 어떻게 강을 건너야 할지 몰랐는데 그 때 막 떠나려는 배를 발견하였다. 한 정부 고관의 부인이 강을 건너려 하고 있어서 달려가서 그 배에 같이 탈 수 있는지 물었더니 괜찮다고 했다. 우린 돈을 내지 않고 그 배에 오를 수가 있었다.

서울에 도착했을 때 북에서 온 많은 피난민들이 있었다. 그들은 음식을 살 돈이 없어서 그들이 가져온 옷을 우리에게 팔았다. 어느 정도 옷을 산 후에 다시 한강을 건너야 하는데 배를 이용하기엔 너무 비쌌다. 사실 돈은 있었지만 그 돈을 주면 우리에게 남는 것이 하나도 없었기 때문에 다른 방법을 찾으려고 했다.

우리는 많은 사람들이 지탱할 것이 아무것도 없는 철판으로 된 다리를 건너고 있는 것을 보았다. 누가 이것을 만들어 놓았는지 모르지만 그 철판은 구멍이 많이 나 있고 위험해 보였지만 우리는 그 다리를 건너기로 했다. 피난민들에게 산 옷 들을 머리에 이고서 천천히 철판 다리를 건너기 시작했다. 우리 셋은 서로 손을 잡고 있었는데 나는 중간에 있었다. 다리를 지나갈 때 다른 사람들이 강에 빠져 익사하는 것을 보았다. 나는 너무 겁이 났다.

강을 반쯤 건넜을 때 내 발이 미끄러졌고 그 때 친구들이 손을 붙잡고 있지 않았다면 나도 물에 빠져 죽었을 것이다. 땅에 도착했을 때 얼마나 안심이 되었는지 모른다. 강을 건너 간 것은 한 시간쯤 걸린 것 같은데 너무 험하고 무서운 길이었다. 서울로 갔다 오는 길은 너무나 위험해서 다시는 가지 말아야겠다고 친구들과 다짐했다.

우리는 계속 피난민들이 있는 다른 도시들을 찾아가 옷을 사고 다른 동네로 가서 그 옷들을 팔았다. 그리고 어디에 가든지 피난민들을 볼 수 있었다. 열차들이 피난민들을 싣고 내려갔지만 열차에 충분한 자리가 없어서 많은 사람이 기차 위에 앉아 가는 것을 보았다. 그들 중 얼마는 기차 위에서 떨어져 죽었다고 들었다.

그리고 피난민들에게서 북한군인들이 어떻게 기독교인들을 죽이는지에 대해 들었는데 소름 끼치는 이야기였다. 그들은 땅을 파서 기독교인 부모가 보는 앞에서 아이들을 산 채로 매장했다는 것이다. 그리고 그 후 부모들을 죽였다는 것이다. 하지만 놀랍게도 아이들을 생매장시켜 죽인 북한군인 중 몇몇이 기독교인이 됐다는 소문도 들었다.

북한군인들은 북한에서 도망친 자가 잡혔을 땐 누구를 막론하고 그들을 죽였다고 한다. 한 여자는 아이를 등에 업고 남한을 향해 탈북한 후 중간에 아이를 돌보려 잠시 멈추었는데 아이가 아닌 베개를 업고 있었다는 것이다. 다시 돌아간다면 북한 사람들이 그녀를 죽인다는 사실을 알고 있었기에 돌아가지도 못했다는 것이다. 정말 가슴 아픈 이야기들이었다.

9. 부상

　전쟁 중 가장 기쁜 소식을 들었다. 유엔이 한국전쟁을 끝내기 위해 남한을 돕기로 결정한 것이다. 맥아더 장군과 연합군이 1950년 9월 인천에 상륙했다는 소식을 들은 것이다. 희망이 생겼다. 다른 나라들이 남한을 돕기 시작했다는 사실은 나에게 큰 위안이 되었다. 하지만 전쟁은 3년이나 지속되었다. 마침내 전쟁이 끝났을 때에는 끝났다는 것을 믿기 어려울 정도였다.

　나는 그 당시 남편의 소식을 알 수 없었다. 남편이 돌아온 후에야 비로소 그에게 무슨 일이 있었는지 알 수 있었다. 남편은 백골 부대 소속이었다. 6월 25일 그는 초소를 지키고 있었는데 북한군인들이 쳐들어오리라고는 상상도 하지 못했다는 것이다. 그런데 마치 개미떼가 땅을 덮는 것처럼 북한군인들이 38선을 넘어 오더라는 것이다. 남편의 부대는 그것을 보고 그들을 향해 총을 쏘았고 그들과 치열한 전투가 벌어졌다. 한참 후 남편이 주위를 돌아보니 그의 모든 전우는 죽어 있었고 혼자만 살아있었다고 한다. 혼자는 싸울 수 없다는 걸 깨닫고 그는 바로 후퇴하였다. 본부대가 있는 곳에 도착했을 때 그 건물은 비어 있었다. 벌써 모두가 도망치고 아무도 없었던 것이다. 그는 계속 자기 연대에 속한 군인들을 찾으려 남쪽으로 갔다. 부모님의 집에 도착한 뒤에 다시 남으로 향했다. 북한 군인들은 이미 많은 도시를 점령했고 그가 부산 근방에 도착했을 때 자기 연대에 속한 군인들을 찾았는데 그의 군부대가 산 정상에 있을 때 북한 부대가 그 산을 둘러싸고 있는 게 보였다.

남편부대는 일주일을 산에 숨어서 솔잎과 눈을 먹으며 견뎠다고 한다. 계속 산에서 숨어 있다가는 굶어 죽을 것이란 결론이 나왔다. 그들은 북한군들의 진을 뚫고 빠져나가기로 결정을 했다. 북한군들의 진을 빠져나가려 할 때 북한군인들은 그들을 향해 총을 쏘았고 많은 군인이 죽어 갔다.

남편은 다리에 총을 맞고 쓰러졌다. 다른 군인들이 남편 옷을 잘라 다리를 묶어 지혈하고 그를 병원에 데려다 주었다. 다행히 총알이 뼈를 피했지만 허벅다리에 박혀서 그것을 꺼내야 했다. 남편은 병원에서 세 달 동안 있고 치료가 된 후 다시 전쟁에 나가야 했다. 그리고 전쟁이 끝난 후에는 군에서 명예 제대를 하게 되었다.

10. 귀환

남편이 군대에서 돌아왔을 때 나는 그가 살아있다는 것에 하나님께 감사했다. 얼마 후 남편이 오빠 집으로 나를 찾아 왔을 때 좋지 않은 소식을 많이 듣게 되었다. 시부모님께서는 내가 시댁을 떠난 이유는 내가 시댁에 머물기 싫어서였다고 말씀을 하셨다는 것이다.

나는 남편에게 그것은 사실이 아니며 시부모님께서 친정에 가라고 하셨기 때문에 나올 수 밖에 없었다고 설명했다. 또 시어머니께서는 기독교인과는 함께 살 수가 없으니 남편에게 다른 여자를 찾아서 결혼하라고 했다는 것이다.

"어떻게 해야 할지 모르겠어" 라고 남편은 말했다.

"당신 생각대로 해요. 만약 당신이 다른 사람과 결혼해서 행복할 거라 생각한다면 그렇게 해요."

"내 큰어머니 집에서 같이 살면 어떻겠어?"

"그건 좋은 생각이 아닌 거 같아요. 그분은 아픈

딸도 있고 또 저희가 머물만한 충분한 장소도 거기엔 없어요."

그 후 시부모님들이 남편과 결혼시킬 여자를 찾았다는 말을 들었다. 그들은 결혼식을 치를 충분한 돈이 없어서 집을 팔아 전세를 얻어 결혼식에 필요한 자금을 대었다고 했다. 나는 이제 결혼 생활은 끝이 났다고 생각했다. 하지만 그 결혼 계획이 깨지게 되었다. 다른 사람들에게 들은 이야기로는 결혼 바로 전날 한 여자가 새 신부가 될 여자를 찾아가서 이렇게 이야기 했다는 것이다.

"나는 당신이 결혼하려 하는 남자의 부인입니다. 그는 이미 나와 결혼했지만 나의 집에 첩으로 오기 원하면 그렇게 하세요."

나는 남편과 결혼하려 했던 그 여자를 찾아간 적도 없고 지금까지도 누가 그녀를 찾아 갔는지 모른다. 새 신부는 결혼식 날 나타나지 않았다. 그날 오후 마을의 유지 한 분이 시아버님을 만나러 가셔서 이렇게 말씀 하셨다는 것이다.

"당신 며느리가 잘못한 것이 무엇입니까? 잘못한 것이 없습니다. 당신 며느리가 바로 시어머니의 병을 나을 수 있게 도와 준 사람입니다. 기독교인 인 것은 흉악한 죄는 아니지 않습니까. 우리의 대통령을 보세요. 그도 기독교인 입니다."

그날 마을의 유지 분은 시장에서 일하는 나를 찾아
오셨는데 그분은 시부모 식구들이 나를 다시 맞아들
이기로 했다고 전해 주셨다.

　　내가 시댁에 도착 했을 때 결혼식을 위해 준비해
둔 음식이 남아있어서 큰 잔치가 벌어졌다. 이 모든
것이 계획한 것은 아니었지만 다시 남편과 함께 있을
수 있어서 나는 매우 기뻤다.

11. 쌀 열 가마

아들 천호가 태어났을 때에는 송골에는 마땅한 일
자리가 없었다. 남편은 고추를 말려서 파는 일을 시작
했지만 돈벌이가 되지 않아 그만두었다. 나는 다른 도
시들을 다니며 옷감을 팔아서 생계를 이었다. 아이를
등에 업고 천은 머리에 이며 걸어 다녔는데 너무 힘이
들었다. 돈 대신 쌀을 받은 적도 있었다. 그때는 쌀과
천들 그리고 아이가 너무 무거워서 여러 번이나 가던
길을 멈추고 쉬어야 했다. 여러 도시를 다니며 매일
많은 시간을 걸어야 했다.

남편은 경찰관이 되기로 마음을 정했다. 일자리가
찾기 어려웠기 때문에 나도 남편이 경찰관이 되면 좋
을 것 같았다. 경찰훈련을 마친 후 남편은 병천이라는
작은 마을로 발령을 받았다.

나는 우리 가족이 남편이 사는 곳으로 이사할 수
있을지 알기 위해서 남편을 방문했다. 하지만 남편의
월급으로는 자기 혼자의 생계도 힘들었기 때문에 그
가 있는 곳으로 가족이 이사 갈 수가 없었다.

딸 영희가 태어나자 나는 두 아이들을 데리고 다른

도시들을 다니며 천을 팔 수 없게 되었다. 재봉일을 하려고 알아보니 재봉틀을 살 만큼 충분한 돈이 없었다. 다행히도 월부로 살 수가 있었다. 나는 한복을 지으며 재봉틀 값을 낼 수 있었다.

남편은 경찰관으로 일 년을 일했지만 월급이 너무 적어 생활을 할 수가 없다고 일을 그만 두고 송골로 돌아와서 송탄에 있는 미국 오산 공군기지에서 경비로 일을 시작했다. 그 직업도 월급이 좋지 않자 그는 부대식당에서 일을 시작했는데 월급을 많이 받았고 남은 음식을 가져올 수 있어서 좋았다.

모든 것들이 잘 돌아간다고 생각하고 있을 때 남편은 다시 징병이 되었다. 남편은 군인을 훈련시키는 일을 해야 한다는 것이었다. 사실 남편이 직장을 그만두면 가정 형편은 어려울 것이 뻔했다. 그러나 만약 징병을 거부하면 체포 당하기 때문에 가지 않으면 안 되는 상황이었다.

나는 남편이 떠나기 전에 식당 일을 나의 친동생에게 잠시 맡겨서 그가 다시 돌아 왔을 때 그 일을 다시 돌려 받을 수 있기를 원했다. 남편이 그 직업을 다른 사람에게 맡긴다면 그가 다시 돌아왔을 때 직업을 돌려 받을 수 있을지 모르기 때문이었다. 불행히도 남편은 내 남동생이 일자리를 찾고 있다는 사실을 모른 체 그 일을 다른 사람에게 주었다. 남편이 말하길 남편은 결혼하기 전 어떤 사람과 문제가 있었다고 한다. 예전에 남편이 칼을 들고 그를 죽이겠다고 협박하러 그 남자의 집으로 쫓아갔다는 것이다. 하지만 그들은 서로 화해하게 되었고 남편은 남편의 직업을 그 사람에게 주었다. 나는 그가 다시 남편에게 그 직업을 돌려주지 않을 것을 알 수 있었고 실제로 그렇게 되었다.

그리고 남편이 재 징병에서 돌아와서 다시 직업을 찾을 수 없었을 때 그는 노름을 하기 시작했다. 나는 남편에게 노름을 그만두라고 했지만 그는 내 말을 귀담아 듣지 않고 속을 썩였다. 다행히도 그 당시 나는 한복을 만드는 일에 익숙해졌다. 나는 너무 바느질을 많이 해서 자주 눈 다래끼가 났다. 그 후 바느질한 돈이 모이기 시작해서 쌀을 열 가마를 사서 그 쌀을 다른 사람에게 주면 이자가 늘어 가는 것이 재미가 있었다.

그리고 내 생애에서 가장 큰 후회 중 하나는 학교를 다니지 못했다는 것이다. 그래서 나는 모든 아이들을 학교에 보낼 만큼 충분한 돈을 저금할 수 있기를 바랐고 돈을 모아 더 많은 쌀을 사는 일을 계속했다. 나는 그 어려운 상황에 쌀 열 가마를 모았는데 그 당시 쌀 열 가마는 굉장히 큰 돈이었다.

어느 날 밤 남편의 노름으로 내가 모아 놓은 모든 쌀을 잃었다. 너무 큰 실망을 했다. 믿을 수가 없었다.

매우 화가 났지만 어떻게 해야 할지 몰랐다. 그때부터 나는 가슴 통증으로 고생하였다. 남편은 그 후에도 노름을 끊지 않았다. 그렇게 애원을 해도 듣지 않고 노름판에서 사는 것이었다. 하루는 나의 재봉틀을 잡혀 노름 돈을 마련하려 했다. 나는 죽음을 무릅쓰며 재봉틀을 붙잡고 놓지 않았다.

"죽어도 이 재봉틀만은 절대 못 가져가요. 이것 없으면 우리 가족은 살 수가 없어요."

나의 간절함이 통하였는지 남편은 마침내 재봉틀을 가져가는 것을 포기했다.

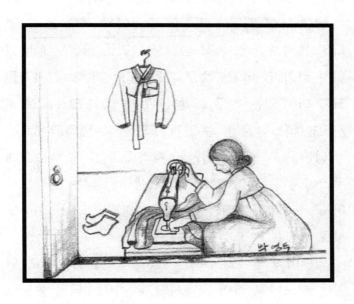

12. 송탄

경희가 태어난 후 세 아이와 생계를 꾸리는 데 힘이 들었다. 남편이 하는 거라곤 노름을 하거나 친구들과 어울리는 게 다였다. 그리고 돈이 다 떨어지면 노름 돈이 없으니 노름하는 것을 구경한다는 것이다.

남편 노름 때문에 가족이 송골에서 계속 살 수 없다고 생각하고 있을 때 송탄시에 미군 공군부대가 있어서 경기가 좋다는 소문을 들었다. 송탄에서 가게를 크게 하고 있는 친구를 찾아갔는데 내가 그곳으로 이사오면 바느질을 할 수 있게 도와 줄 수 있다고 했다.

남편은 송골에서 어떤 일자리도 찾을 수 없었기에 우리에게 밝은 미래가 없다고 생각한 나는 송탄으로 이사 가자고 남편에게 제안했다. 하지만 그는 다른 도시로 이사를 가고 싶지 않다고 했다.

남편에게 말했다. "나는 먼저 이사를 가겠어요. 당신은 부모님과 같이 지내시다가 준비가 되면 송탄으로 오세요."

남편에게 재봉틀과 이불들을 옮겨 달라고 했고 남편은 그것을 도와주고는 다시 송골로 돌아갔다. 나는 친구를 도와 바느질을 시작했다. 아들 천호와 경희는 나와 같이 이사하고 영희는 남편에게 맡겼다. 6개월 후에 남편은 송탄으로 왔고 시아버님이 돌아가신 후 시어머니께서도 우리와 함께 살기 위해 오셨다.

남편과 장사를 해보려고 의논했지만 어떤 종류의 장사를 시작해야 할지 몰랐다. 구운 고구마를 파는 일이 괜찮아 보여서 고구마 장사를 시작했다. 남편은 온양에 가서 고구마를 한 가마씩 사서 버스에 실어왔고 거리에서 고구마를 구어서 팔았는데 겨울에는 괜찮은 장사가 되었지만 여름엔 뜨거운 고구마가 팔리지 않았다.

하루는 남편이 할 일이 있을까 싶어 성환에 있는 조양 성냥 공장에 들렀다. 성냥을 박스에 넣는 것을 보고 우리가 박스를 가져오면 살 수 있느냐고 물었더니 살 수 있다고 말했다. 남편에게 그 말을 했더니 그 일을 해보겠다는 것이다. 그때부터 남편은 아침 일찍 자전거를 타고 가게에 가서 사용할 박스를 사 모았다. 남편은 성냥 공장에 팔 박스를 손으로 만들기 시작했다. 그 후 박스 공장은 확장되어 아홉명의 종업원이 새로운 재료와 기계로 박스를 만들어서 성냥 공장과 더불어 양복점과 제과점에도 보내는 일을 했다.

13. 회복

송골에서는 시어머니와 남편이 교회를 다니지 말라 했어도 교회를 다녔다. 송탄으로 이사한 뒤에는 너무 바쁘게 일을 하느라 예배에 점점 빠지게 되었다. 근 일년간 교회를 다니지 못해서 신경이 쓰였지만 나중에는 다니지 않아도 신경이 쓰이지 않았다.

어느 날 딸아이 경희가 세 달간이나 먹기만 하면 계속 토하고 설사를 하게 되었다. 복용시킨 어떤 약도 소용이 없었다. 결국 아이는 허약해졌고 일어설 수 조차 없었다. 나는 아이를 잃는 것이 아닌가 하고 너무 염려가 되었다. 그 당시에 나는 계속 꿈에서 무당이 춤을 추는 것을 보았다. 왜 이런 꿈을 꾸는지 이해할 수가 없었다. 어느 나이 드신 여자분에게 "왜 이런 꿈을 자꾸 꾸는지 아세요?" 하고 물었다.

"아줌마는 무당을 불러서 딸을 위해서 굿을 해야 할 것 같아요."

"저는 기독교인입니다. 절대로 무당은 부르지 않을 거예요."

그분은 내가 그 당시에 교회를 나가지 않고 있다는 것을 알고 있었다.

"그러면 교회에 나가보셔야 할 것 같아요."

그 후에 좌동감리교회에 가서 딸 아이가 아파서 매우 걱정스럽다고 말했다. 그 교회 사람들은 치유의 은사를 받으신 한 권사님이 계시는데 아픈 사람들을 위해서 기도를 해주신다고 하셨다. 그래서 그 권사님을 만나서 경희를 위해서 기도를 해 달라고 했다. 그분이 딸을 위해서 기도를 해 주셨는데 다 죽어갈 것 같던 아이가 곧 상태가 많이 좋아져서 다시 음식을 먹고도 문제가 없는 것이었다. 내가 경희를 잃을 수도 있다고 생각했을 때 아이가 기적같이 나았던 것이다. 하나님께서 아이를 치료하셨다는 것을 알았기에 너무 감사했다. 그때에 나는 이렇게 고백했다. "하나님은 진실로 살아 계십니다." 이 일이 있었던 후 나는 성실하게 다시 교회에 출석했다.

14. 삼각산

나는 아이들을 다 교회에 다니게 했다. 하지만 시어머니와 남편은 천호에게 교회에 다니지 말라고 했다. 남편이 아들에게 교회에 나가면 다리를 부러뜨릴 거라고 말했다는 것이다. 천호가 교회를 다니지 않게 되자 나는 어떻게 해야 할지 모를 만큼 화가 났다. 시어머니가 나에게도 다시 교회에 다니지 말라고 하셨지만 나는 전혀 개의치 않았다.

시어머니가 또다시 뒤 뜰에 있는 김칫독에 사발에 물을 떠놓고 거기에 절하고 빌기 시작했다. 나는 김장독에 놓인 그릇이 그렇게 미울 수가 없었다. 주변에 아무도 없을 때 사발을 돌 위에 올려놓고 망치로 두드려 깨뜨려서 산산 조각을 내서 쓰레기 통에 버렸다. 그때에 나는 너무 화가 나서 어떤 일이 벌어져도 싸울 준비가 되어 있었다.

시어머니가 집에 돌아와서 그녀의 그릇을 내가 어떻게 했는지 아시게 되자 나에게 욕을 퍼부으셨다. 남편은 화가 나서 주변에 있는 물건들을 집어 던지더니 칼을 가지고 와서 내 목에 대고 죽이겠다고 협박하며 교회에 나가지 말 것을 요구했다.

그 순간 성경 한 구절이 문득 떠올랐다. "몸은 죽여도 영혼은 능히 죽이지 못하는 자들을 두려워하지 말고 오직 몸과 영혼을 능히 지옥에 멸하실 수 있는 이를 두려워하라" (마태복음 10:28). 나에게 용기를 준 말씀이었다.

"죽이려면 죽여요. 교회에 다니지 못한다면 차라리 죽는 게 낫겠어요."

그때 생각하지 않은 일이 일어났다. 별안간 남편이 숨을 헐떡이며 가슴이 아프다면서 통증을 호소했다. 얼굴이 창백해진 남편은 칼을 집어 던지고는 말했다. "가슴이 답답해. 무엇을 어떻게 해야 할지 모르겠어."

나는 남편에게 권했다. "대천에 가서서 해변에서 바람을 쐬고 휴양을 하고 오던지 아니면 삼각산 기도원에 갔다 오면 나아지실 거예요."

남편은 잠시 생각을 하더니 말했다. "삼각산 기도원으로 가봐야겠어."

나는 그때까지 삼각산 기도원이 어디에 있는지도 몰랐다. 그곳이 굉장히 좋은 기도원이라는 것만 들어서 알고 있었다. 친구를 통해서 삼각산이 어디에 있다는 것을 알아서 버스를 몇 번 갈아 타고 남편과 그곳에 도착했다. 삼각산은 정말 아름다웠다. 산과 나무

그리고 시냇물은 맑았고 공기는 상쾌했다. 천국에 와 있는 기분이 들었다. 남편도 그곳을 좋아했다.

그 기도원은 천명 이상의 사람들이 모였고 많은 목사님이 돌아가시며 온종일 설교를 하셨다. 우리는 그곳에서 예배에 참석했는데 의아하게도 남편이 예배에 참석하는 것을 좋아 하였다. 기도원에 더 머물고 싶다고 했을 때 그가 예배에 계속 참석할 수 있을 것 같아서 기뻤다. 남편은 그곳에 남고 나는 가족들과 사업을 돌보아야 했으므로 집으로 돌아왔다.

시어머니에게 삼각산이 얼마나 아름다운지에 대해 말했고 남편이 아주 좋아한다는 말을 들으시더니 시어머니께서 말씀하셨다.

"거기가 그렇게 좋으면 나도 거기에 가고 싶구나."

시어머니가 그곳에 가고 싶으시다는 말씀에 너무 기뻤다. "제가 어머니를 거기에 모셔다 드릴게요. 어머니가 아주 좋아하실 거예요."

음식을 준비하고 딸 영희에게 할머니가 삼각산에 가시는데 같이 가서 요리하시는 걸 도와 드리라고 했다. 그때 영희는 9살이었다. 시어머니와 영희를 삼각산에 데려다 주고 집으로 돌아왔다. 약 이주 후 삼각산에 도착했을 때 영희가 이렇게 말했다. "엄마! 할머니가 나무를 뽑고 성령을 받으셨대요."

한 강사 목사님이 산으로 올라가서 나무를 하나 붙잡고 열심히 성령을 받기 위해 뿌리를 뽑을 때까지 매달려서 힘을 들여서 기도하라고 하셨다는 것이다. 시어머니께서는 작은 나무를 붙잡고 성령을 달라고 하면서 열심히 나무를 잡아 당기시면서 기도를 하셨는데 나무가 뽑아져 나왔을 때 불과 같은 성령을 체험하셨다는 것이다.

남편과 시어머니는 기독교인이 되어서 집으로 돌아왔다. 기적이었다. 남편의 가슴 아픈 증상도 없어졌고 그는 술과 담배를 끊었고 교회를 다니기로 결정했다고 말했다. 나는 너무 기쁘고 감사했다.

일요일 날 아침에 시어머니와 남편이 옷을 차려 입고는 같이 교회에 가자고 빨리 나오라고 말했을 때 더 이상 기쁠 수가 없었다. 세상 모든 것을 얻은 기분이었다. 또 우리 가족은 가정예배를 보았다. 남편은 목청이 좋아서 찬송을 잘 불렀다.

그 좋은 시간이 계속되기를 바랬는데 불행히도 6개월 후에 남편은 다시 술 친구들과 어울리기 시작하고 술을 다시 먹기 시작하더니 교회에 나가지 않았다. 남편이 교회에 안 나가니 시어머니께서도 안 나가시는 것이었다. 실망이 너무 크고 마음이 아팠지만 그 후로는 교회에 다니지 말라는 말씀을 한 번도 하지 않은 것에 위안을 받았다.

봄이 저물어 오네

15. 용서

나에겐 두명의 시누이가 있었다. 그 중 언니가 해자였고 동생이 수자였다. 수자는 내가 탐탁해 하지 않은 사람과 결혼하기를 원했는데 조금 더 기다려 나은 사람을 만나는 게 어떻겠냐고 말했을 때 나에게 욕설을 퍼부었다.

나는 화가 나서 이렇게 말했다. "네가 내 덕에 사는 것이 아니고 내가 네 덕에 사는 것이 아니니 네 맘대로 해라!"

그 후로 우리는 서로 말을 하지 않았다. 그런 일이 있은 후 설교를 들을 때마다 수자 생각이 나서 괴로웠다. 수자에 대한 나의 태도와 말이 하나님을 기쁘시게 하지 못했다는 것을 깨달았다. 그녀와 화해를 해야 되겠다고 생각을 했지만, 막상 쉬운 일이 아니었다.

이것을 위해서 3일간을 금식하고 하나님께 수자를 용서 할 수 있도록 도움을 청했다.

"하나님 제발 제가 원수까지도 사랑할 수 있는 사랑을 나에게 주세요."

교회에 있을 때 나는 이렇게 말했다. "오늘은 수자에게 가서 화해 해야지."

그러나 막상 교회를 떠난 후에는, "내가 뭘 그리 잘못했어. 난 잘못이 하나 없어"라는 생각이 들었다.

수자와 그런 문제가 생긴 후 가슴이 답답하고 허리에 통증이 시작되고 아팠다. 그런 고통 속에서 일 년을 살았다. 그 당시엔 수자가 이사를 갔다는 것만 알았지 어디로 이사를 갔는지도 몰랐다.

어느 날 빨래를 하고 있는데 갑작스럽게 불 같은 것이 나의 가슴을 "딱" 하고 치는 것이었다. 나는 그것이 성령의 불 이였다고 믿는다. 그 순간 나는 이런 소리를 들었다.

"네가 다른 사람들을 용서하지 않으면서 너는 용서 받을 수 있기를 기대하느냐?"

그 음성은 하나님으로부터 온 것이었다. 이제는 더 이상 기다릴 수 없다는 것을 깨달았다. 빨래를 중단하고 해자의 집으로 달려가서 수자의 집으로 데려가 달라고 했다.

수자를 만났을 때 그녀의 손을 잡고 이렇게 말했다. "네가 잘못했던지 내가 잘못했던지 서로 용서하고 지내자."

"나도 오랫동안 언니네 집에 가고 싶었어"라고 수자가 말했다.

나는 한참을 크게 소리 내어 울었다. 그들은 왜 내가 그렇게 우는지 이해하지 못했다. 나의 눈물은 회개의 눈물이었다. 수자를 용서하지 못해서 너무 오랫동안 괴로움 속에서 살았었다.

예상하지 못했던 일이 그 후에 일어났다. 갑자기 허리 통증과 숨찬 증상이 사라져 몸의 아픈 증상이 없어진 것이다. 하나님의 능력으로 치료받았다는 것을 알고 나는 기쁨으로 가득 찼다. 하나님께서 나를 용서하게 도와 주셨고 그가 살아계시다는 것을 이 경험을 통해서 더 확신했다. 그분은 단지 나의 감정의 상처뿐 아니라 육체적 고통도 치료하셨다.

수자와 화해한 후 나의 마음은 매우 편안했다. 나는 새 사람이 된 것 같았다. 모든 것이 아름다웠다. 나무들과 꽃들을 볼 때마다 그것들은 전보다 더욱 아름답게 보였다. 모든 것이 내 눈에 아름답게 보였다.

그 때 이후 나는 새로운 무언가를 발견했다. 아픈 사람들을 볼 때마다 그들을 위해 기도해야 한다는 생각이 들었고 그렇게 했다. 기적이 일어났고 많은 사람이 암과 다른 질병으로부터 나았다. 나를 축복하셔서 이런 치유의 은사를 주신 하나님께 감사했다.

어떤 분은 폐결핵으로부터 고통을 받고 있었고 피까지 흘렸다. 그리고 내가 그분을 위해 기도하자 치료되었다. 그 후 그는 신학 공부를 하고 목사가 되었다.

또 한번은 교회 집사님의 아들이 병에 걸려 말을 할 수 없었는데 내가 그를 위해 기도한 후 말을 할 수 있게 되었다. 그도 후에 신학 공부를 하고 목사가 되었다.

그리고 교회를 다니는 나의 친구에게는 교회를 다니지 않는 남편이 있었다. 그는 7년간 허리 통증으로 고통 받고 있었다. 내가 그를 위해 기도하자 그의 허리 통증이 나았고 그 후 그는 교회에 다니게 되었다.

나는 '왜 하나님께서 치유의 은사를 주셨을까?'하고 생각해 보았다. 나는 하나님께서 내가 하나님께 헌신하기를 원한다는 것을 아시고 주신 것 같았다. 교회에서 하나님께 헌신할 일을 하려해도 내가 학교 교육을 받지 못했으므로 일을 하기가 힘드니까 이런 은사를 주셨다고 믿었다. 다른 사람을 위해 기도하고 그 사람들이 기도를 받고 나았을 때 목사님들께서는 은사를 사용하라고 격려했다. 하나님께서 나를 사용하신다는 것에 대해서 무척 감사했다.

16. 위로

경희가 고등학교 3학년때 성남시에서 친구들과 자전거를 타던 중 차가 들어 받아서 그 자리에서 죽고 말았다. 나는 망연자실해서 고통과 비탄에 잠겨 어찌할 바를 몰랐다. 죽은 그 애의 나이 또래의 여자애들을 보면 그들에게 뛰어가서 내 딸은 아닌지 확인하곤 했다. 경희가 아팠을 때 하나님이 병을 고쳐주셔서 수명을 늘려 주었다고 생각했기 때문에 이렇게 빨리 끝나리라 예상치 못했던 것이다. 그 애가 고생을 너무 많이 하다 갔기 때문에 너무 불쌍한 생각이 들어서 마음이 더욱 아팠다.

경희를 잃은 슬픔 속에서 눈물 속에서 살아가고 있었을 때에 좌동감리교회 목사님은 성도들에게 전도를 하라고 하시면서 교회에서 항상 전도지를 가져갈 수 있도록 해 주셨다. 그래서 나는 언제 어디서든 전도지를 나누어 주며 예수님을 믿으라고 전도했다.

어느 날 서울로 가는 중에 열차 안에서 전도지를 나누어 주며 전도하는데 하나님의 음성을 들었다.

"경희는 나와 같이 천국에 있다. 내가 그 아이를 돌보고 있으니 걱정하지 말아라."

그 말씀은 나에게 큰 위로가 되었다. 그 후로는 경희 나이 또래의 여자아이들을 보아도 마음이 아프지 않았다. 하나님께서 나의 상처를 치유해주신 것이었다.

17. 순종

남편은 박스를 만드는 사업이 확장되고 있었고 새 기계들을 사길 원했다. 나도 그 기계들이 필요하다는 걸 알고 있었다. 기계를 사기 위해서 돈을 빌렸는데 이자가 늘어서 순식간에 빚이 백만원이나 되었다. 그 당시 백만원은 굉장히 큰 돈 이었다. 이 빚을 갚기 위해서 백만원을 탈 수 있는 계를 들었다.

어느 날 하나님의 음성을 들었다. "십일조를 내어라."

그 당시 우리는 빚 때문에 십일조를 할 형편이 안 되었다. 그래도 하나님의 말씀에 순종을 하려고 쓰는 모든 것들, 하물며 출장 갈때 사 먹는 점심 식사비를 아끼면서 십일조를 했다. 그 뒤로 나는 재활용 사업을 시작했고 거기서도 십일조를 내기 시작했다.

그 당시에 우리 교회는 부흥하고 있었고 건축을 공사 하는데 많은 자금이 필요했다. 어느 날 목사님께서 교회가 일꾼들에게 줄 돈이 충분하지 못 하다고 광고를 하셨다.

하나님께서는 내가 진 빚을 갚으려고 계획한 곗돈 백만원을 교회에 바치라고 하셨다. 다음 달에 곗돈을 타기로 되어 있었는데 그 돈 모두를 바쳐야 한다는 것이 믿기가 어려웠다. 빚을 먼저 갚고 싶었다. 만약 그 돈 모두를 교회 헌금으로 사용하겠다면 남편이 뭐라고 하겠는가?

어느 날 내가 누워있는데 전에는 없던 일을 경험했다. 갑자기 손가락 하나도 움직일 수 없는 것이었다. 그 때 하나님께서 나를 여러 번이나 죽음에서 건져 주셨고 내가 가진 것도 내 것이 아닌 하나님의 것이라는 걸 깨달았다. 하나님께서 어려운 것을 하라 말씀하셨을 때 순종하기 어려울 때라도 기꺼이 순종해야 한다는 것을 깨달은 것이다. 하나님께서는 내가 나 자신의 금전적인 문제를 돌보기 전에 교회를 돌보시길 원하셨다.

"하겠습니다. 하나님."

하나님께 불순종한 마음을 용서해 달라고 빌었다. 그런 뒤에야 몸을 움직일 수 있었다. 친구들에게 곗돈을 한달 먼저 받을 수 있게 요청해서 그 돈 모두를 건축 헌금으로 드렸다. 이것을 남편은 물론 누구에게도 말하지 않았다. 우리가 빚이 있음에도 다른 사람들이 나를 이해할 수 없을 것이라고 생각했기 때문이다.

사실 남편은 교회에 내가 너무 많은 헌금을 냈다고

불평을 하고 있었다. 만약 남편이 백만원을 헌금으로
냈다는 것을 알면 그는 내가 미쳤다고 생각하겠지만
나는 하나님께 순종해야 했다. 어떻게 빚을 갚아야 할
지 고민했다. 그 많은 빚을 청산하는 건 불가능하다고
생각했는데 재활용 사업이 잘되어서 생각한 것보다
더 빨리 모든 빚을 갚을 수 있었다. 하나님께 감사를
드렸다.

18. 고통

어느 날 두 여자 목사님이 우리 집에 세들 방을 구하러 왔다. 그분들은 나를 보자마자 나를 환상 속에서 보았다고 말했다. 그분들은 함께 하나님 일을 할 수 있냐고 물었지만 나는 가족 때문에 그럴 수 없었다.

하나님께서 나를 치유의 은사로 축복을 하셨기 때문에 다른 사람들을 위해 더 많은 시간을 기도 한다면 훨씬 많은 사람을 도울 수 있다는 것을 알았다. 하지만 아이들은 아직 어렸고 나는 남편의 사업을 돕느라 바빴다. 하나님을 섬겨야 한다는 것은 알았지만 그럴 수 없는 형편이었다.

그분들께서 우리 집에 세를 사시는 동안 매일 찬송을 크게 불렀는데 이웃들은 너무 시끄럽다며 불평하기 시작했다. 남편도 그 소리가 성가시다며 그분들께 나가 달라고 했다. 그분들이 나가시던 날 나는 마음이 너무 편치 않았다. 그들과 함께 일할 수 없었기 때문이다. 나는 나의 첫째 의무는 우리 가족이라고 생각했다. 그날 아침 나는 다락방에서 자고 깨어났을 때 어떻게 된 일인지 실수로 떨어졌다. 내가 병원에 입원했을 때 의사는 나의 목이 부러지지 않아 다행이라는 말을 했다. 그러나 그 후부터 목을 움직일 때마다 몹시 고통스러워서 두 달 동안을 목을 움직이지 못했다.

나를 치료하실 수 있는 분은 오직 하나님뿐이 시라는걸 알고 오산리 금식 기도원에 가서 하나님께 기도했다. "저를 용서해 주세요. 저에게 하라 하시는 일을 하겠습니다. 주님의 사역을 하길 원하신다면 저를 고쳐주세요."

나는 누군가 핀과 못으로 머리를 찌르는 것 같은 고통을 느꼈다. 목을 움직이는데 너무 힘이 들었고 큰 고통을 겪었다. 고통을 겪고 있을 때 주 예수님께서 가시관을 쓰실 때와 십자가에 못 박히셨을 때 얼마나 아프셨을지 생각해보고 감사를 드렸다. 그렇게 나는 5년 동안 아픔 속에서 살았다. 하지만 나는 아픈 사람들을 위해 계속 기도하고 있었고 그들은 치유를 받았다.

'왜 예수님은 나를 빨리 치료하지 않으실까?'하는 생각도 들었다. 그러나 하나님이 나를 언젠가는 치료해 주실 것이란 것을 신뢰해야만 했다. 그 당시 나는 몸이 아픈 것 때문에 고통 받는 다른 사람들을 이해하고 그들에 대해 더 큰 동정심을 가질 수 있었다.

19. 이사

우리는 빚이 없어지면서 재정적으로 잘하고 있다고 생각했다. 하지만 그건 오래가지 않았다. 그 당시 두 채의 집을 소유하고 있었지만 그 땅에 대해서는 소유가 아니었다. 땅 값을 지급하려 돈을 빌릴 수밖에 없어서 다시 빚을 지고 말았다. 남편은 큰 집을 짓길 원했고 그렇게 돈을 빌려서 집을 지었다.

남편은 술과 친구들을 좋아해서 집으로 돈은 가져오지 않고 사업 친구들과 어울려 다니기에 바빴다. 장사해서 번 돈을 그들과 어울리는 데 소비했고 남편의 장사도 기울어가기 시작했다. 집에 대한 빚 뿐만 아니라 다른 빚도 적지 않았다. 집 융자금을 갚아야 할 날이 가까워져 오고 있었다. 만약 그 융자금을 갚지 못하면 집을 빼앗기고 우리 가족은 길바닥으로 나 앉아야 할 지경이었다.

집을 팔아서 빚을 갚으려 했지만 집이 팔리지 않았다. 가격을 아주 낮추어 땅 값 만이라도 건지려 했지만 그것도 되지 않았다. 설상가상으로 남편이 이때 죽었다. 너무 큰 충격과 슬픔을 뒤로하고 나는 제일 다급한 융자금을 갚을 방법을 찾아야 했다. 하나님으로부터 그 해답을 찾기로 했다. 남편이 죽던 날부터 사흘 간 금식을 했다. 하나님께 집을 팔 수 있게 해달라고 기도했다. 하나님께서 성경 말씀을 주셨다. "내가 세상 끝날까지 너희와 항상 함께 있으리라"(마태복음 28:20).

그 말씀에 격려를 받았다. 남편은 죽었지만 하나님께서 나와 함께하실 것이며 돌보아 주시겠다고 말씀하신 것이다. 나는 하나님께 감사를 드리며 눈물을 흘렸다. 하나님께서는 나의 모든 근심과 걱정을 알고 계셨고 도와주실 것이라는 확신이 왔다. 금식이 끝나자마자 두 명이 집을 사겠다는 연락이 왔다. 그래서 팔려 했던 가격보다 훨씬 좋은 가격에 그 집을 팔 수 있었다. 빚을 모두 갚고 작은 집을 사서 그곳으로 옮겼다.

일년 뒤 하나님께서 송탄에서 이사를 가라고 하셨다. 그 도시에서 20년의 세월을 보냈고 아는 사람이 많아서 이사 가고 싶은 마음이 없었다. 일생에 단 한 번 집을 빚 없이 소유할 수 있었는데 그것을 팔아야 한다고 생각하니 너무 힘들어 많은 날을 울었다. 이 집을 팔면 다시는 집을 소유할 수 없을 것이라는 생각도 들었다.

"나는 너에게 내 아들도 주었는데 너는 이 집을 파는 것이 그렇게 슬프냐?" 하나님께서는 이렇게 말씀하셨다.

"용서해 주세요. 순종하겠습니다." 그 집을 팔고 서울로 이사했다. 이번의 이사가 나의 막내 아들 정철에게 큰 도움이 되었다. 아버지 죽음의 충격을 치유받을 수 있는 새로운 환경이 필요했기 때문이다. 정철이가 12살 때 남편은 공대에 가라고 했다. 그 아이는 공대에 가고 싶은 마음이 없고 목사가 되고 싶으니 신학대학교를 가고 싶다고 했다.

나는 남편의 마음을 설득시켜서 남편은 아들이 목사가 되도 좋다고 말했다. 하지만 남편이 죽은 후 정철이는 목사가 되길 원치 않았다. 하지만 서울로 이사한 후 아들이 마침내 신학대학교에 가기로 결심 했을 때는 그의 학비를 지원할 충분한 돈이 나에겐 없었다. 그때 나의 한 친구가 자연동굴을 소유해서 부유하게 살면서 선교를 하기 원해서 내 아들이 필요한 모든 학비를 대어 주었다. 하지만 그 아이는 몸이 아파서 학교를 중단하게 되었다. 힘든 상황이었다.

20. 선물

정철이를 도우려 애쓰고 있는 동안 미국인과 결혼한 영희가 나와 은희 그리고 정철이를 미국으로 초청했다.

우리가족이 미국으로 온 이후에도 하나님께서는 나에게 일할 수 있는 기회를 주셨다. 아픈 사람들을 위해 기도하면 그들이 낫게 되었다. 이 간증들을 통해서 하나님께서 모든 영광을 받으시라고 이야기를 나누려 한다. 나는 다른 사람들을 위해서 기도한 것뿐인데 하나님께서 고치셨기 때문이다.

어느 날 한 미용실에 가서 관절염에 걸려 걷기 어려운 한 여자분을 만났다. 그분이 일어날 때 너무 고통스러워 주저앉아서 오랫동안 일어나지 못하는 것이었다.

"아줌마를 위해서 기도해 드릴까요? 하나님께서 도와 주실 수 있어요."

나는 다른 사람을 위해 기도했을 때 많은 사람이 병이 나았기 때문에 하나님께서 그녀를 고치실 거라

는 믿음이 있었다. 그분은 기도해 주길 원하셨다. 기
도를 마치자마자 그녀는 고통 없이 일어설 수 있었
다. 그 여자는 환한 표정을 지으며 말했다.

"하나님께서 저를 고치셨어요. 기도해 줘서 감사
해요. 내 딸이 교통사고를 당해서 고통 때문에 잠을
잘 수 없는데 딸을 위해서 기도해도 주실 수 있어
요?"

"따님이 이곳으로 오실 수 있어요?"

"내 딸은 다른 주에서 살고 있어요. 전화로 내
딸을 위해 기도해 주실 수 있어요?"

"그렇게 할 수 있어요."

그래서 전화로 그녀의 딸을 위해 기도해 주었다.
그녀가 그 후 잠을 잘 수 있게 되었다고 전화가 왔다.
그녀는 다시 한번 기도를 해 달라고 해서 기도해 주
었다. 다시 전화가 왔을 때는 그녀는 모든 고통에서
나았다고 말했다.

나는 모든 영광을 하나님께 드린다. 내가 80살이
넘은 후에는 아픈 사람을 위해서 기도하면 내 몸이
아팠다. 다른 사람을 위해 기도해 줄 만큼 건강하지
않다는 생각이 들었고 또 하나님께서 다른 아픈 사람
들을 위해 기도하는 것보다 중보기도를 열심히 하기
를 원하신다고 생각했다.

21. 천국의 성가대

나는 여러가지로 하나님께 많은 축복을 받은 사람이다. 왜냐하면 나의 기도를 들어주시고 응답해주시는 하나님께서 나와 함께 동행하시기 때문이다. 나는 오랫동안 지은 죄에서 용서받기를 기도하고 있었다. 그런데 하나님께 용서 받았다는 느낌이 없었다. 매년 나는 성경 통독을 하려 노력했고 하루는 이사야서를 읽는데 그 해답을 찾았다.

"나 곧 나는 나를 위하여 네 허물을 도말하는 자니 네 죄를 기억하지 아니하리라"(이사야 43:25).

하나님께서는 이 성경 구절을 통해서 나를 용서하셨다는 것에 대한 확신을 주셨다. 그제야 나는 용서받았다는 것이 믿어졌고 기뻐서 눈물이 나왔다. 너무 감사해서 성경책을 몇달동안 껴안고 잠을 잤다.

나는 매일 아침과 밤에 한 시간 동안 하나님께 예배를 드렸다. 찬송을 30분 부른 후 성경을 읽고 기도를 했다. 자식들과 친척들을 위해 오랫동안 기도해왔지만 하나님께서는 다른 사람들과 전 세계의 모든 사람을 위해 기도 할 것을 인도하셨다.

하나님은 교회에서 좋은 교우들을 통해서도 나를 축복하셨다. 나는 캘리포니아 로스엔젤레스에 있는 주님의 영광 교회에 다니는데 그 교회는 천명이 넘게 출석하고 성령의 임재를 느낄 수가 있다. 나는 그 목사님의 설교를 무척 좋아한다.

또 한가지 축복은 찬송을 통해서다. 2010년 초에 하나님께서 나에게 주신 하나의 축복이 있었다. 이른 아침에 한 남자와 성가대가 찬양하는 소리를 들었다. 내가 좋아하는 "내 영혼의 그윽히 깊은 곳에" 라는 찬송이었다.

그 찬송은 내가 들어 본 중에서 가장 아름다운 찬송이었다. 그런데 어디에서 그 찬송이 들리는지 알아 낼 수 없었다. 바깥에서 누군가 찬송을 하고 있다고 생각하고 방을 뛰어나가 아파트 복도로 가 보았지만 아무것도 들을 수 없었다.

나는 그 찬송이 바깥 어딘가에서 들려 오는 게 틀림 없다고 생각했다. 엘리베이터를 타고 밖으로 나갔지만 아무것도 들을 수 없었다. 다시 방으로 돌아왔을 때 다시 그 찬송을 들을 수 있었다. 그때서야 나는 그 찬송이 보통 사람들의 찬송이 아니라는 것을 알게 되었다. 그것은 천국의 성가대였다. 하나님께서 천국 찬송을 나에게 경험시켜 주신 것이 매우 기뻤다.

22. 은혜

내가 83살이 되었을 때 혼자서 아파트에서 생활하고 있었다. 그런데 중풍이 온 후에 뇌출혈로 몸을 움직이기가 힘들고 말을 못하는 상태가 되었다. 정철이가 나를 병원에 입원시켜 주었다. 의사들은 6개월 정도가 지나야 내가 말을 다시 할 수 있을지 없을지 알 수 있을 거라 했다.

내가 병원에 입원한 지 오일째 되던 날이 주일이었으나 교회에 갈 수가 없었다. 정철이는 성경 구절을 읽어 주었다. 내가 아픈 분들을 위해 기도하기 전 암송했던 성경 구절을 읽어 주었다.

"믿는 자들에게는 이런 표적이 따르리니 곧 그들이 내 이름으로 귀신을 쫓아내며 새 방언을 말하며 뱀을 집어 올리며 무슨 독을 마실지라도 해를 받지 아니하며 병든 사람에게 손을 얹은즉 나으리라 하시더라"(마가복음 16:17~18).

정철이가 찬송을 부르기 시작했을 때 "달고 오묘한 그 말씀"이라는 찬송이 기억이 났다. 아들에게 이 찬송을 같이 부르고 싶다는 뜻을 비쳤다. 내가 그 찬송을 같이 부르려 할 때 입에서 찬송이 나왔다. 그 뒤 나는 말을 할 수 있게 되었다.

나에게 약간의 기억상실이 있었지만 얼마 뒤 시간이 지남에 따라 차차로 기억이 돌아왔다. 그렇지만 몸은 약해졌고 음식을 만들거나 집안일을 할 수 없다. 허리 통증과 무릎 관절염으로 걷기가 어려웠다. 약을 많이 먹어야 했기에 무언가에 대해 생각하거나 집중하는 데 대단히 어려웠다. 그래서 지금은 다른 사람들이 음식을 만들고 집안 청소를 해 준다.

내가 많은 도움이 필요하게 되자 정철이는 나의 아파트로 이사 왔다. 의사에게 가거나 약을 복용해야 할 땐 아들이 도와줄 수 있어서 하나님께 감사하게 생각한다.

23. 믿음

나의 어머니 믿음은 우리 가족 모두에게 큰 영향을 주었다. 날씨가 좋지 않아서 교회에 갈 수 없었을 때에도 나의 어머님께서 집에서 성경 공부를 할 수 있는 환경을 마련하심으로 우리를 양육하신 것에 감사 드린다.

하나님께서는 우리 가족들을 믿음으로 축복해 주셨다. 얼마 전 하늘나라로 간 막내동생 미채는 목사님이었다. 일본의 폭탄 속에서도 살아 돌아 온 영채 오빠는 일곱명의 자식들이 있었는데 그 중 두 아들과 한 딸이 목사님이 되었다. 영희의 남편도 목사님이었고 영희 또한 목사로서 내 자신이 할 수 없는 일을 감당하고 있다. 하나님께서는 다른 사람의 믿음을 통해서 나를 축복하셨다. 얼마 전 마치 못이 머리를 찌르는 듯한 심한 두통과 가슴 통증으로 혹독한 고통 중에 있었다. 의사들이 몇 가지 테스트를 했지만 모든 게 정상이라는 것이다. 어느 한 목사님께서 기도를 해주시자 고통이 사라지는 은총이 있었다.

나는 고혈압으로 많은 약을 먹어야 한다. 또 무릎은 약해서 일어나는데 시간이 걸린다. 전쟁 때 미끄

러운 길에서 너무 많이 넘어지고 또 장사를 하러 장
거리를 걸어야 했던 것이 나의 무릎을 약하게 한 것
이다. 하지만 나는 예수님께서 일생의 행로를 이끄시
며 나와 함께 하신 것에 감사 드린다.

24. 염려

내게 중풍이 온 후 2년이 지났다. 난 2012년에 들어서면서 나의 인생이 마지막을 향해 저물어 간다고 생각했다. 너무 몸이 약해져서 몇 주 동안 정맥주사에 의존해 살아야 했다. 그 무렵에는 음식물을 토하며 먹지를 못했다. 그렇게 힘겹게 살아가고 있는데 정철이는 나에 대한 걱정으로 직장에서 매일 여러 번 전화한다. 은희가 나에게 자기 집으로 들어오면 은희 남편하고 정철이와 같이 셋이서 나를 돌보아 줄 수 있다고 했다. 아들 혼자 나를 돌보기엔 너무 큰 짐이라 은희의 제안을 받아드렸다. 정철이도 함께 은희 집으로 옮겼다. 혼자서는 음식도 데워먹지 못하므로 그들에게 의지하고 있다.

나의 가장 큰 관심사 중 하나는 내 아이들의 구원이다. 나의 모든 자식은 기독교인인데 한국에 살고 있는 천호만 하나님을 믿지 않는다. 시어머니와 남편이 교회에 가지 말라고 천호에게 말한 뒤 그는 교회에 다시 나가지 않았다. 그 아이를 도울 수 없었다는 것이 마음이 아팠고 나는 며느리와 손녀딸이 구원을 받았는지 안 받았는지도 확실히 모른다. 은희에게 천호한테 전화하도록 해서 나는 천호에게 이렇게 말했다.

"나는 더 오래 살 것 같지 않구나. 너는 예수님을 믿고 구원을 받아야 한다. 내가 육체적으로는 너와 함께 할 수 없지만 언젠가 천국에서 너와 같이 살기를 원한다." 또한 며느리와 손녀딸에게도 같은 말을 했다. 나는 내가 해야 할 것을 모두 한 것 같았다.

25. 후회

나는 여전히 인생에 많은 후회가 있다. 나는 하나
님께 치유의 은사를 받았지만 그 은사를 최대한 사용
하지 못했다.

"너는 나에게 받은 은사로 무엇을 했느냐?"

하나님께서 이렇게 물으시면 어떻게 답을 해야 할
지 모르겠다. 이런 생각이 들면 눈물이 나왔다. 사실
나는 하나님께서 주신 은사를 최대한 사용하지 못하
는 것에 용서를 구했다. 나에겐 많은 장애물이 있었
다. 가족을 돌봐야 해서 하나님을 섬길 충분한 시간
이 없었다.

또 진심으로 교육을 받고 싶었지만 그럴 수 없었
다. 나는 내 아들이 나와 같은 후회를 하길 원하지 않
았다. 아들이 아플 때 하나님을 섬기겠다는 서원을
했기 때문에 나는 그가 하나님께 한 약속을 지키길
원했다. 하지만 그는 받은 교육이 충분치 않아서 교
회에서 일할 기회가 없다고 여러 번 이야기했다.

한국 사람들은 다른 사람이 어떤 학력을 가졌는지 알기 원하고 정철이 보다는 다른 사람들이 더 높은 학력을 가지고 있었기 때문에 일할 기회가 많지 않았다고 했다.

나는 계속해서 정철이에게 신학 교육을 마쳐서 하나님을 섬기는 일에 집중하라고 말하고 있다. 그는 신학대학원을 일년 더 다녀야 졸업을 하는데 올해는 쉬고 내년에 학교를 다니겠다고 했다. 나는 내가 죽기 전에 그의 졸업을 보고 싶으니 올해 학교를 다니라고 했다. 나는 학교에 다닐 기회가 없었지만 정철이는 그럴 기회가 있고 나를 위해서라도 졸업을 하라고 했다. 나는 그가 나의 임종 전에 졸업하려 노력하는 것이 매우 기쁘다.

26. 마지막 전투

2012년 들어 나는 육체적으로만 약해진 것이 아니라 마음까지도 약해졌다. 나는 언제 약을 복용해야 하는지도 모르게 되었다. 기도하거나 찬송을 부르기에도 어려운 지경에 이르렀다. 고혈압 약을 복용할 때 마다 위가 매우 아프고 약을 복용 한 후에는 매우 졸립다. 이 모든 것은 내가 복용하는 약 때문인데 하나님께 집중하고 주의를 기울이기가 어렵다.

나 스스로 기도를 할 수 없으므로 정철에게 누군가가 항상 나를 위해 기도를 해주기를 원했다. 정철이는 매일 아침마다 금식하며 집에 있을 땐 언제든지 나를 위해 기도해 주었다.

정철이는 또 나를 위해 찬송 테이프를 준비해 두고 정철이가 없을 땐 버튼만 누르면 찬송을 들을 수 있게 해 주었다. 정철이가 집에 있을 땐 그의 컴퓨터에서 많은 목사님의 설교를 듣게 해 주어서 내가 위로 받도록 했다.

나의 보조 보행기를 잘 사용하기 위해서는 시간이

좀 더 필요하고 교회에 가기 위해선 휠체어를 이용해야 한다. 나는 정철이가 교회에 데려다 주는 게 힘든 일이라는 것을 알지만 정철이는 할 수 있는 모든 방법으로라도 나를 도와주려 한다.

나에겐 하나님과 교제하는 것이 더없이 소중하다. 예수님은 나에게 평화를 주는 유일하신 분이다. 자식들에게 교회에 가다 죽는 한이 있어도 교회에 갈 거라고 얘기했다. 자식들이 내 말에 순종하여 하나님을 찬양하는 곳으로 나를 데려다 주는 것이 기쁘다.

나는 마지막까지 나의 일생을 통해 하나님께 영광과 경의를 드리고 싶다. 그분은 나를 축복하셨고 나의 자식들이 내가 나의 주 예수 그리스도와 영원히 있을 곳 그 곳에 가기 위한 나의 마지막 전투에서 나를 도와주는 것에 감사했다. 나의 간증을 나눌 기회를 갖는 것에 감사 드리며 마지막으로 나는 이 성경 구절을 남기고 싶다.

"전제와 같이 내가 벌써 부어지게 되고 나의 떠날 시각이 가까웠도다. 나는 선한 싸움을 싸우고 나의 달려 갈 길을 마치고 믿음을 지켰으니 이제 후로는 나를 위하여 의의 면류관이 예비되었으므로 주 곧 의로우신 재판장이 그날에 내게 주실 것이며 내게만 아니라 주의 나타나심을 사모하는 모든 자에게도니라"(디모데후서 4:6~8).

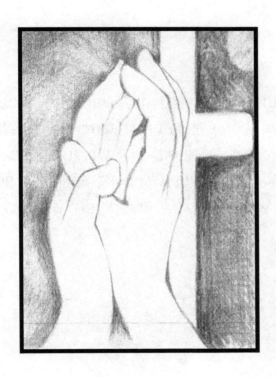

27. 감사

2013년 3월 17일은 아주 의미 깊은 날이었고 하나님의 은혜를 찬양했다. 지난해에 신학대학원을 졸업한 정철이 목사안수를 받은 날이기 때문이다. 하나님의 사역을 하겠다고 서약한지 35년 만의 일이다. 모든 일을 인도하시는 하나님께 영광과 찬양을 드린다.

이희채와 이상천

이상천

2부

한국전쟁

한국전쟁

마즈 래븐우드
Marz Ravenwood

고고학적으로 한반도에 사람들이 700,000년 전부터 살았다는 것을 알려준다.

한반도에서의 불의 사용이나 도구 제작, 주거지의 증거물들에 따른 구석기의 유물들은 B.C 70,000에서 B.C 40,000년 사이의 것으로 밝혀졌다. 한국의 도기로 알려진 최초의 것은 B.C 8000년경의 것이다.

사람들은 B.C 1500년경에 농업 사회를 이루었고 복잡한 사회적 행동양식에도 참여하였다. 청동제품이 B.C 700년경에 나왔고 원거리 무역과 금속공학이 B.C 300년경에 모습을 보인다.

한국의 최초 왕국인 고조선은 B.C 2332년에 이루

어졌다. 고조선 왕국은 2000년간 그 지역을 다스리며 멸망하기 전 B.C 300년까지 존재했다. 그 뒤 1200년 동안 여러 왕국들이 왕위 계승을 하며 패권과 집권을 위한 서로의 빈번한 경쟁이 지속적으로 있었다. A.D 936년에 고려왕조가 시작되었다.

A.D 936년에서 A.D 1392년의 집권기 동안에 그들은 세계에서 가장 두드러지고 진보된 사회 공동체를 가진 나라 중 하나였다. 법을 성문화시켰고 행정 기관과 시험 제도가 시행되었으며 세계 최초의 금속 활자 기술이 발명되었다. 코리아라는 이름도 고려에서 유래된 것이다.

1392년에 고려군의 장군인 이성계는 명나라로 군사 원정을 떠났다. 하지만 그는 아무도 모르게 회군하여 고려왕조를 전복하고 조선왕조를 세운다. 조선왕조는 A.D 1392부터 1920년까지 존재하였다.

태조는 수도를 한양, 지금의 서울로 옮겼다. 1443년에 세종대왕은 학자들에게 3000년 동안이나 쓰여온 한자를 대신할 한국의 첫 번째 글자인 한글을 만들라고 명령을 내렸다.

1592년부터 1598년 동안 조선은 일본의 침략을 두 번 겪었지만 성공적으로 그 두 번의 침략을 격퇴했다. 중국의 북동쪽 지방의 후금이 1627년과 1636년에 조선을 침략해왔지만 조선은 그 침략을 막아내지 못했다. 압도적인 숫자의 후금 (청나라)의 군대는 전쟁에서 승리를 거두고 조선에 청나라의 패권을 인정하게 했으며 그 후 진상품을 바치게 했다.

한국은 외국나라들 때문에 벌어진 전쟁이 야만적이고, 미개하므로 바깥세상과의 접촉을 거부하고, 국경을 패쇄하며 무역항을 닫는데 일조하게 된다. 중국만은 여기에서 제외되었다.

1876년 민첩하게 근대화한 일본이 한국에 국경과 무역항을 열어 무역을 하자고 압박을 하게 된다. 외관상 한국이 중국의 영향권에 수백 년 동안 놓여 있었지만 새롭게 근대화된 일본은 끊임없이 한국이 중국의 영향권에서 멀어져 자신의 영향권으로 들어오길 강요하였다.

일본은 1894년 만주를 침략해서 1895년 청 왕조를 상대로 첫 번째 중일전쟁에서 승리하게 된다. 일본은 배상으로 타이완 섬과 막대한 양의 금을 받았다. 일본은 그때부터 만주와 한국에 군사를 주둔시키게 된다.

1897년 고종과 왕실은 한국이 시대에 뒤떨어진 왕국이 아니라 근대의 제국이며 고종은 황제임을 선포하며 대한제국으로 국명을 바꾸게 된다. 일본은 지속해서 한국과 한국주변에 군사를 주둔시켰고 소련이 한국과 만주에 관심이 높아져 가는 것을 성가셔

했다. 소련 황제의 군대와 일본 군대 사이의 긴장이 폭발해서 1904년에는 전투가 시작되었는데 1905년에 일본이 소.일 전쟁에서 소련 군대를 물리치고 만주와 한국에 군사주둔을 결정지었다. 그때부터 한국은 일본의 공식적인 섭정 정치를 받아야 했다.

1910년에 일본은 한국이 일본 장관의 통솔 아래에 있는 공식적인 식민지임을 선포했다. 1890년도 내내 한국에서는 근대화 시도로 유럽식 운송망과 통신망이 전 국토에 걸쳐 만들어졌다. 사실 이런 근대화는 일본이 한국을 착취 하는데 도움이 되었다. 일본은 한국의 근대화를 식민지 통제와 일본과의 무역에 이용했다. 일본은 조선 군주제에서 권력을 제외시키고 경복궁을 파괴했으며 한국의 조세제도를 개편했다. 일본은 한국의 쌀 수확물을 일본으로 수출시켜 한국 전 국토에 걸친 기아를 야기시켰다. 또 무자비한 법의 제정은 한국인들이 세금 내는 것을 거부하게 했다. 일본은 의무 노동으로 한국 길을 닦거나 광산에서 일하도록 했고 노동자 착취 공장을 설립해서 한국인들을 일본이나 일본 점령지역으로 보내도록 했다.

고종황제는 1919년 1월에 승하하였는데 독으로 인해 죽었다는 소문이 돌았다. 그 해 3월 1일은 일본군에 맞서 독립운동이 온 나라를 휩쓸었다. 일본은 비인도적 억압으로 7,000명의 평화적 시위참가자들이 죽음을 당했으며 이 독립운동에 약 2백만 명이 평화적인 방법으로 참가했다. 한국 독립운동가들은 삼일 운동 직후 중국의 상하이에 대한민국 임시정부를 설립하여 독립운동과 일본통제에 대한 지속적인 저항을 보다 효과적으로 다루게 되었다. 망명 한국 정부는 1919년부터 1948년까지 한국민의 합법적인 정부였다.

1937년 제2차 청일전쟁의 발발과 함께 일본은 한국문화를 말살시키려 하였다. 일본 정부는 신사참배를 강제적으로 하도록 명령했고 이를 따르지 않은 많은 한국 기독교인들을 박해했고 희생시켰다. 한국 교육 과정을 바꾸고 한국 말과 역사를 가르치는 것을 없애버렸다. 어떠한 한국적인 문화를 배우는 것도 금지되었고 더구나 한국사람에게 일본이름을 갖도록 강요당했다. 한국사람들은 한반도를 떠나 만주로 가서 저항 단체를 만들어 게릴라 전으로 일본 침략자들에 맞서 싸웠다. 1940년대에 이런 게릴라 군대들은 한국 광복군 (KLA)로 합병되었으며 한국 광복군은 중국과 동남아에서 연합전투에 참가했다. 수만명의 한국인들은 인민 해방국 (PLA)에 들어가거나 중국 국민 혁명군에도 참가하였다. 세계 2차 대전 동안 일본은 한국남자를 전투에 참전시켰고 200,000의 한

국인과 중국인을 위안부로 일본군의 성 노예로 이용
하였다.

1943년 11월 22일 카이로 회담에서 유엔 회원국
들 그 중 소련,영국,미국은 한국의 독립국임에 동의
하였다. 1945년 8월 나가사키와 히로시마에 원폭이
투하된 후 일본은 조건 없이 항복하게 된다. 일본군
의 완전한 철수가 이루어져도 식민국들은 안정적이
고 결합력 있는 정부가 될 수 없는 상태였다. 한국은
운이 좋게도 1919년부터 중국에 있던 한국 망명 정
부가 한국으로 다시 돌아오게 된다. 유엔은 공식적으
로 한국 임시정부를 한국의 통치 정부로서 인정했다.
1945년 일본의 패전과 항복 이후 소련의 모스크바에
서 포츠담회의가 개최되었는데 유엔은 일방적으로
1943년 카이로 회담에 상반된 결정임에도 불구하고
한국을 분단시키기로 했다.

한국인에게 어떠한 동의와 요청도 없이 소련과 미
국의 파견단은 38위도 선을 경계선으로 북한과 남한
을 나누기로 합의했고 더구나 5년간 한국에 대한 공
동 신탁통치도 결정되었다.

미국과 소련은 지속해서 한국 정부의 설립을 지속
적으로 지연시켰다. 하지만 그들은 서울에서 지속적
으로 회의를 했다. 그리고 1945년 일본군의 철수와
중국내전의 재개는 동시에 일어났다.

장개석 총통의 지휘하에 있는 국민당은 지금까지 공식적으로 유일한 중국정부로 알려진 대만을 대표했다. 반대파인 공산당은 모택동의 지휘하에 있었고 소련의 도움을 받았다. 4년 경과 후 공산주의자들은 국민당을 중국으로부터 쫓아 내고 국민당은 결국 대만으로 도망가게 된다.

　　1949년 10월 1일 중화 인민 공화국은 모택동의 지휘 아래 공식적으로 설립되었다. 모택동과 중화 인민 공화국의 등극은 북한에 중요한 사건 중 하나가 되었다. 모택동은 북한 공산주의의 가장 큰 후원자 중 한명이었고 김일성을 돕고 통제하였다. 중국은 지속해서 한국전쟁 동안 북한을 군대와 물자 제공 등을 통한 형태로 원조를 했다.

　　1947년 9월 미국은 한국인의 주권에 대한 안건을 유엔 총회에 제출했고 유엔은 한국이 민주적인 전 국민 투표를 거행할 것을 명령했다. 미국의 도움으로 첫 번째로 남한에서는 대통령 선거가 시행되었지만 소련은 북한에 대한 같은 명령을 무시했다. 1948년 12월 12일 유엔은 결의안 195를 통해 대한민국을 한국의 유일한 합법적 지배 단체로 인정하게 되었다.

　　소련과 중국의 원조로 김일성은 북한에서 군사 독재 국가이며 신권 정치 국가인 조선 민주주의 인민 공화국을 만들었다. 1948년에서 1949년 사이 미국

군과 소련군은 한반도에서 철수했고 김일성은 1950
년 6월 25일 남한을 침략했다.

그들의 초기 공격에 남한 군사들은 많은 사상자를
낳았다. 북한군인들은 남한군인들이 재결집 할 시간
을 주지 않기 위해 지속적인 공격으로 압박했고 남한
군인들은 후퇴해서 공세역전을 위해 재결합을 하는
대신 계속 더 멀리 도망쳤다. 몇 달 만에 남한의 남쪽
끝인 부산 지역까지 쫓겨내려 가자 일본의 오키나와
에 있던 유엔 증원군이 남한을 돕기 위해 오게 된다.

그들은 2가지 공세역전에 집중했는데 하나는 남
한의 부산 지역 주변이었고 다른 하나는 북한 점령의
인천지역이었다. 물자부족과 몇달간의 힘든 전투로
지쳐있는 북한군인들은 새롭게 전투에 참여하는 군
인과 양식 공급이 충분한 유엔 연합군의 맹습에 견디
지 못했다.

유엔 연합군들은 북한군이 대부분의 한반도 땅을
넘겨주고 중국과 북한의 경계지역으로 빠른 속도로
후퇴할 때까지 전력을 기울여 거듭 공격을 하였고 북
한군들은 재빠르게 도망쳤다. 하지만 북한군들도 그
들의 연합군이 있었다. 중국 인민 해방군들이 국경을
넘어 북한군인들과 합류했고 소련도 물자와 무기 그
리고 탄약을 보내주었다. 식량을 공급받고 중국인민
연합군의 도움으로 북한은 유엔 연합군을 물리쳤고

한국군은 38선 밑으로 물러나게 된다. 거의 한반도 전체를 뒤덮은 중요한 전투들은 한국전 첫해에 일어났고 그 뒤 2년간은 단지 작은 규모의 전투와 가끔의 소규모 충돌이 있었다. 1953년 7월 27일 휴전 합의의 공식적 서명과 함께 38선 경계선은 다시 복원되었고 2.5마일의 비무장지대가 국경을 따라 만들어지게 되었다.

한국전 사상자 수
1950년 6월 25일부터 1953년 7월 27일

남한군 사망자	138,000
미군 사망자	37,000
남한 연합군 사망자	4,000
북한군 사망자	215,000
중국군 사망자	152,000
남한군과 연합군의 부상자	750,000
북한군과 연합군의 부상자	1,6000,000

참고:
New World Encyclopedia
Wikipedia, Encyclopedia

부록

<예수님을 영접하기 원하시는 분들을 위하여>

여러분은 삶이 너무 어렵고, 고통스러우며, 무의미하다는 생각을 한 번이라도 해보셨습니까?

사실 인간의 삶이 그렇습니다. 우리가 예수님을 마음에 영접하고 그분의 사랑을 이해하며 하나님께 용서를 받고 주님을 위해서 살려고 하기 전까지는 우리의 마음에 참된 평안이나 기쁨을 맛볼 수가 없습니다. 예수님을 믿고 그분의 사랑을 맛보고 어려운 삶 가운데에도 하나님을 위해서 복음을 전하는 사람이 되라고 권고하고 싶습니다.

예수님께서는 우리를 위해서 십자가에 죽으시고 부활하셔서 우리를 위해 기도하고 계십니다. 예수님을 아직도 영접하지 않으셨다면 이 시간에 기도로 그분을 영접하시고 구원을 받으십시오.

"예수님, 저는 죄인입니다. 저는 이 시간 주님을 영접하기 원합니다. 저에게 오셔서 저의 모든 죄를 용서하시고 저의 삶을 주관하시고 성령님의 인도하심으로 복음을 전할 수 있는 주님의 제자가 되기 원합니다. 제 마음의 모든 상처도 치유해 주시고 주님의 평안과 기쁨을 저에게 주시옵소서. 예수님의 이름으로 기도드립니다. 아멘."

교회를 안 다니신다면 믿음의 성도들과 교제할 수 있고 성경을 잘 가르치는 교회를 찾으시길 바랍니다.

성경을 매일 읽으시고 기도하시며 주님을 알려고 노력 하십시오. 어떤 성경을 읽어야 좋을지 모르신다면 신약 복음서 (마태, 마가, 누가, 요한)를 읽고 예수님이 누구신지를 배우시기 바랍니다. 예수님의 사랑을 이해하고 예수님과 더 가까운 관계를 가지시려면 그분을 성경을 통해서 아는 것이 매우 중요합니다.

마음이 아플 때는 예수님께 상처를 치유해 달라고 기도하시고 또 어려움이 있을 때는 찬송을 부르며 주님에게서 위로를 받으며 승리하는 삶이 되시기를 바랍니다. 이 세상이 아무리 험하고 어려워도 주님께서 도와주시면 승리하시는 삶을 살 수 있습니다. 주님을 위해서 살고 열매 맺는 삶을 살아야겠다는 목표를 가지고 사시기를 바라며 또 영적 성장을 위해서는 기도하시기를 바랍니다.

"예수님, 저에게 당신의 지혜를 주셔서 성경을 이해할 수 있게 해주시고 아직 용서 못한 사람이 있다면 다 용서할 수 있도록 당신의 사랑을 저의 마음에 부어주세요. 어떻게 살아야 하나님께 영광을 돌릴 수 있는지도 가르쳐 주시고 저에게 주님을 가르쳐 줄 수 있는 당신의 제자들도 만날 수 있게 도와주세요. 주님께서 저의 죄를 대속해서 십자가에 돌아가신 사랑도 더 알 수 있도록 저의 마음의 문을 열어주세요.

119

성령님, 저의 하루하루를 하나님께로 인도해 주시고 당신의 뜻에 순종 할 수 있게 도와 주세요. 예수님의 이름으로 기도드립니다. 아멘."

"하나님이 세상을 이처럼 사랑하사 독생자를 주셨으니 이는 그를 믿는 자마다 멸망하지 않고 영생을 얻게 하려 하심이라" (요한복음 3:16). "영접하는 자 곧 그 이름을 믿는 자들에게는 하나님의 자녀가 되는 권세를 주셨으니" (요한복음 1:12).

"너희는 마음에 근심하지 말라. 하나님을 믿으니 또 나를 믿으라. 내 아버지 집에 거할 곳이 많도다. 그렇지 않으면 너희에게 일렀으리라. 내가 너희를 위하여 거처를 예비하러 가노니, 가서 너희를 위하여 거처를 예비하면 내가 다시 와서 너희를 내게로 영접하여 나 있는 곳에 너희도 있게 하리라. 내가 어디로 가는지 그 길을 너희가 아느니라. 도마가 이르되 주여 주께서 어디로 가시는지 우리가 알지 못하거늘 그 길을 어찌 알겠사옵나이까. 예수께서 이르시되 내가 곧 길이요 진리요 생명이니 나로 말미암지 않고는 아버지께로 올 자가 없느니라" (요한 14:1~6).

"그러므로 이제 그리스도 예수 안에 있는 자에게는 결코 정죄함이 없나니 이는 그리스도 예수 안에 있는 생명의 성령의 법이 죄와 사망의 법에서 너를 해방하였음이라" (로마서 8:1).

"우리는 그리스도 안에서 그의 은혜의 풍성함을 따라 그의 피로 말미암아 속량 곧 죄 사함을 받았느니라"(에베소서 1:7).

"여호와께서 말씀하시되 오라 우리가 서로 변론하자. 너희의 죄가 주홍 같을지라도 눈과 같이 희어질 것이요. 진홍같이 붉을지라도 양털 같이 희게 되리라"(이사야 1:18).

"그런즉 이 일에 대하여 우리가 무슨 말 하리요. 만일 하나님이 우리를 위하시면 누가 우리를 대적하리요. 자기 아들을 아끼지 아니하시고 우리 모든 사람을 위하여 내주신 이가 어찌 그 아들과 함께 모든 것을 우리에게 주시지 아니하겠느냐"
(로마서 8:31~32).

"그런즉 너희는 먼저 그의 나라와 그의 의를 구하라 그리하면 이 모든 것을 너희에게 더하시리라"
(마태복음 6:33).

재향 군인회 재단
(Veterans Twofish Foundation)

2011년 재향 군인회라는 비영리단체가 시작되어서 군인들과 군인 가족들의 신앙간증 책을 출판하여 미국 전역으로 교도소, 형무소, 노숙자 보호소 그리고 군인들에게 목사님들을 통해서 무료로 배포되고 있습니다.

재향 군인회를 후원하기 원하시는 분들은 첵크/수표를 Veterans Twofish Foundation으로 쓰시고 아래 주소로 보내주시면 됩니다.

Veterans Twofish Foundation
P.O. Box 220
Brighton, CO 80601

홈페이지: veteranstwofish.org

변화 프로젝트
(Transformation Project Prison Ministry)

2005년에 창시된 변화 프로젝트는 감옥 문서 선교 비영리단체로서 12만권도 넘는 책들과 비디오들이 미국 전역으로 교도소, 형무소 그리고 노숙자 보호소에 목사들을 통해서 무료로 배포되고 있습니다. 아담스 카운티 교도소 수감자들의 신앙간증을 엮은 책이 영어로 6권, 스페인어로 2권이 출판 되었고, 비디오 영화가 4편이 제작되었습니다.

변화 프로젝트를 후원하기 원하시는 분들은 첵크/수표를 Transformation Project Prison Ministry로 쓰시고 아래 주소로 보내주시면 됩니다.

Transformation Project Prison Ministry
5209 Mountview Blvd.
Denver, CO 80207

홈페이지: www.maximumsaints.org

저자소개

-이희채-

이희채 (Hui Chae Lee)권사님은 한국에서 1927년에 태어났고 현재 미국 켈리포니아 주 로스엔젤스에서 살며 주님의 영광교회를 섬기시다가 이제는 아들이 부목사로 시무하는 베델교회를 섬기고 있습니다.

-이규민-

이규민 (Kyu Min Lee) 집사님은 콜로라도 주 놀드그
랜시에 있는 북부장로교회를 섬기시며, 책을 번역하
는 자원봉사자로서 예수님의 사랑과 복음을 전하는
사역을 하고 계십니다.

그린이 소개

-박영득-

박영득 (Holly Weipz)은 콜로라도 주 브라이튼시에 있는 성 어거스틴교회를 섬기고 있으며 특히 성체조배와 그림, 일러스트레이터를 통하여 주님께 영광을 드리는 자원봉사자 입니다.

-이영희-

이영희 (Yong Hui V. McDonald)는 연합감리교회 (United Methodist Church) 목사로서 이희채 권사님의 딸이며 어머니께서 신앙간증 책을 쓰고 싶다고 하셔서 이 책을 쓰게 되었습니다. 이영희 목사는 2003년부터 콜로라도 주 브라이튼시에 있는 아담스 카운티 교도소와 덴버에 있는 성요셉병원에서 사역하고 있으며 변화 프로젝트와 재향 군인회 재단이라는 비영리단체를 창시하여 문서 선교를 통해서 수감자들과 노숙자들 그리고 군인들에게 책을 무료로 배포하는 문서 선교를 하고 있습니다.

홈페이지: www.griefpathway.com
이메일: griefpwv@gmail.com

CPSIA information can be obtained
at www.ICGtesting.com
Printed in the USA
BVHW041951040619
550137BV00011B/156/P